SCÈNE XIII, ACTE II.

L'ÉTUDIANT ET LA GRANDE DAME,

COMÉDIE-VAUDEVILLE EN DEUX ACTES,

Par MM. Scribe et Mélesville,

Représentée pour la première fois, sur le théâtre des Variétés, le 30 mars 1837.

PERSONNAGES.	ACTEURS.	PERSONNAGES.	ACTEURS.
LADY WILTON	Mlle PAULINE.	UN COMMIS MARCHAND.	M. EDOUARD.
FERDINAND, étudiant en droit	M. BRESSANT.	JOHN, groom.	M. ADOLPHE.
CORBINEAU, étudiant en médecine.	M. ADRIEN.	MARCHANDS.	
DUPRÉ, riche tapissier.	M. CAZOT.	GARÇONS TAPISSIERS.	
LOUISE, sa fille.	Mme BRESSANT.		

La scène, au premier acte, se passe à Paris, dans la chambre de Ferdinand, et à l'hôtel de lady Wilton au deuxième.

ACTE PREMIER.

Le théâtre représente l'intérieur d'une chambre d'étudiant. Meubles très-simples : tables, chaises, quelques livres épars. A droite du spectateur, une petite porte qui conduit à la chambre à coucher de Ferdinand. Au fond, la porte d'entrée donnant sur l'escalier principal. A gauche, une autre porte donnant sur un petit escalier qui descend directement près du magasin de M. Dupré.

SCÈNE PREMIÈRE.

FERDINAND, *puis* CORBINEAU.

(Au lever du rideau, Ferdinand est en manches de chemise et achève sa toilette. La porte du fond est ouverte.)

FERDINAND, *cherche dans sa commode.* Que diable ai-je donc fait de mon habit noir? (*Appelant au fond.*) Corbineau!... Corbineau!...

CORBINEAU, *en dehors.* Qu'est-ce que c'est?

FERDINAND. Tu n'as pas vu mon habit noir?

CORBINEAU, *en dehors.* Si fait!... Je vais te l'apporter...

FERDINAND, *riant.* J'étais sûr que c'était lui...

CORBINEAU, *entrant tout habillé avec une petite redingote et brossant l'habit noir qu'il tient à la main.* Le voilà, je l'avais pris hier pour passer mon examen de médecine légale : ç'a été très-bien.

FERDINAND. Ton examen ?...

CORBINEAU. Non... ton habit !.... qui m'a fait un honneur... Quant à l'examen, M. Adelon m'a dit que je n'étais pas très-fort !... c'est possible !... J'ai eu cinq boules noires...

FERDINAND. Combien étaient-ils ?...

CORBINEAU. Eh bien ! ils étaient cinq...

FERDINAND. Là !.... aussi tu ne fais rien... C'est une honte !... entouré de jeunes gens studieux, pleins d'ardeur, qui devraient te servir d'exemple... toi seul es toujours à perdre ton temps, à dépenser le peu d'argent que nous avons, à t'amuser !..

CORBINEAU, *lui aidant à passer son habit.* Dam !... la vie est si courte ! nous autres médecins, nous savons cela mieux que personne!.. *(Changeant de ton.)* Dis donc, Ferdinand ? as tu un foulard ?... Je ne sais ce que deviennent les miens.

FERDINAND, *se brossant.* Regarde dans la commode.

CORBINEAU, *prenant un mouchoir.* Ma foi, il n'y en a plus qu'un... je le prends. C'est charmant de loger comme ça sur le même pallier... Deux amis... deux garçons... cette communauté de sentimens et... de mouchoirs de poche!.. malgré ça... un habit noir à deux... ce n'est pas assez... aussi... j'en achèterai un sur le premier malade qui me tombera sous la main.

FERDINAND, *gaîment.* Des malades!... toi ! tu n'en trouveras jamais.

CORBINEAU, *avec sang-froid.* J'en ferai.

FERDINAND. Tu en es bien capable...

CORBINEAU. Comme les autres !... *(Avec gravité.)* Du reste, je vous préviens, monsieur le jurisconsulte, que les plaisanteries sur les médecins sont de très-mauvais goût, maintenant!.. c'est usé.

FERDINAND. Tu as raison... il vaut mieux chercher quelques moyens de sortir d'embarras ! Tu sais que notre propriétaire...

CORBINEAU, *soupirant.* Oui, M. Dupré... ce riche et farouche tapissier, qui a toute la fierté du comptoir et l'aristocratie des franges de velours, se permet de nous renvoyer.. C'est ta faute.

FERDINAND. C'est la tienne, tu es toujours à le taquiner...

CORBINEAU. Et toi, tu compromets sa maison...

FERDINAND. Moi...

CORBINEAU. Oui... oui... avec ton petit air posé, tu n'as pas de mœurs... Hier encore... cette belle dame.. ce chapeau à plumes roses que j'ai rencontré dans notre escalier ! au cinquième.

Air *du Vaudeville de l'Écu de six francs.*

Ce n'est pas ici la coutume
De voir escalader si haut
Des dames en pareil costume,
De ces tournures comme il faut,
De ces tournures, en un mot,
Anglaises ou napolitaines,
En robe de velours, ma foi !
Ça ne pouvait être pour moi,
Je ne connais que des indiennes.

FERDINAND. Je te jure...

CORBINEAU. Ah ! tu es discret.... tu auras des femmes, toi.

FERDINAND. Il se peut que j'aie une passion,... mais ce n'est pas celle-là... c'est tout uniment une cliente... une dame, très-bonne, très-aimable, qui m'a été adressée par un ami commun, un M. d'Herbellot, à ce qu'elle m'a dit... Je ne me rappelle pas avoir eu d'ami de ce nom... mais c'est égal... il suffit de la voir, de l'entendre un seul instant, pour être pénétré pour elle d'une estime, d'un respect ! Il s'agit d'un procès important, d'une affaire très-compliquée.... car, malgré ses explications, je n'y ai rien compris... il est vrai qu'elle entremêlait tout cela de questions... sur moi, sur ma position... avec tant d'intérêt, de bonté... tiens... *(Montrant sur son bureau un bouquet et des gants de femme.)* La pauvre femme en était si préoccupée... qu'elle a même oublié son bouquet et ses gants.

CORBINEAU, *d'un air incrédule.* Oui... des gants et un bouquet !... et, c'est sans doute pour mieux étudier son procès que je t'ai rencontré un moment après, avec elle, dans sa calèche.

FERDINAND. Dans sa calèche?

CORBINEAU. Parbleu !... tu m'as éclaboussé, juste dans l'œil ! mais, de celui qui me restait... j'ai parfaitement remarqué... Bon genre... belle femme... voiture superbe... des yeux longs de ça... avec deux gris pommelés...

FERDINAND. Mais c'est elle qui a voulu me conduire au palais.

CORBINEAU. Hé ! mon Dieu !... je ne t'en fais pas un crime, au contraire... c'est très-bien, mon cher, te voilà lancé.

FERDINAND. Lancé...

CORBINEAU. Sans doute... Vois-tu, on me disait toujours dans mon pays : A Paris, les femmes font la fortune des beaux garçons... J'y suis venu !... et j'attends... j'attends ce que tu as déjà trouvé.

FERDINAND. Moi ?...

CORBINEAU. Qu'est-ce qu'il faut à des

jeunes gens aimables qui n'ont pas le sou? Une femme riche, sensible, qui les tire de la foule et se charge de leur avenir... Tu en as rencontré une, encore jeune et jolie; ça ne gâte rien...

FERDINAND. Veux-tu bien te taire!... si l'on t'entendait, tu me ferais une belle réputation.

CORBINEAU.

AIR : *Il n'est pas temps de nous quitter.*

Eh! pourquoi donc?

FERDINAND.

Y penses-tu?
Qui? moi, recevoir d'une femme...

CORBINEAU.

Oui, c'était un état perdu,
Voilà qu'il revient...

FERDINAND.

C'est infâme!
Le monde encor pardonne aux étourdis
Qui se ruinent pour les belles,
Mais il flétrit de son mépris
Celui qui s'enrichit par elles.

CORBINEAU. Oh!.... voilà les vieilles idées... les têtes à perruques... l'amour ennoblit tout, monsieur, et ce qui vient d'une main chérie ne peut jamais blesser... en amour, celui qui donne n'est-il pas le plus heureux? pourquoi donc être égoïste et priver l'objet aimé... du plus grand bonheur qui existe? C'est ce que je disais indifféremment à la marchande de nouveautés, ici en face, cette veuve, la belle Dorothée... une blonde assez agréable, à qui j'ai lancé quelques œillades.

FERDINAND, *riant.* Mais elle n'est pas jolie.

CORBINEAU. L'amour ne s'arrête pas à ces misères-là... et puis elle rachète cela par tant de qualités... Un magasin magnifique... au beau milieu du faubourg Saint-Martin... un train de princesse. Je ne serais pas étonné qu'elle m'eût compris, qu'elle m'envoyât quelques présens... d'abord, j'ai soigné sa cuisinière, qui avait une esquinancie, que j'ai prise pour une gastrite... C'est peut-être pour cela que je l'ai guérie... Je voyais clairement que sa maîtresse venait s'informer des nouvelles de sa bonne, pour causer avec moi... et comme elle m'avait souvent reproché de me tromper d'heure :

AIR : *Restez, restez, troupe jolie.*

J'ai, profitant de la rencontre,
Dit quelques mots, par ci, par là,
Sur Bréguet et sur une montre.

FERDINAND, *riant.*

Et tu crois qu'elle arrivera !

CORBINEAU.

Ah! j'en suis certain, et déjà
Son cœur qui par la bonté brille
A commandé chez l'horloger
La montre dont l'heureuse aiguille
Me dira l'heure du berger.

FERDINAND. Je te conseille d'y compter...

CORBINEAU. Et plus tard un petit cabriolet pour mes visites.

FERDINAND. Oui dà... en attendant tu vas avoir la bonté d'aller à pied chercher un appartement pour nous deux... quelque chose de simple... de modeste... et dépêche-toi, car c'est aujourd'hui qu'il faut quitter celui-ci.

CORBINEAU. Aujourd'hui! oh! diable nous n'avons pas de grâce à espérer!.. avec ça que M. Dupré a un redoublement d'humeur.

FERDINAND. Pourquoi donc?

CORBINEAU. Parce que sa fille est malade.

FERDINAND, *vivement.* Mademoiselle Louise?

CORBINEAU. Qu'est-ce qu'il te prend donc?.. comme te voilà troublé!

FERDINAND. Ah! mon Dieu! j'ignorais, je cours m'informer...

(La porte du fond s'ouvre, Dupré paraît.)

CORBINEAU, *bas.* Chut! c'est lui! c'est notre féroce propriétaire qui vient nous mettre à la porte.

SCENE II.
LES MÊMES, DUPRÉ.

FERDINAND, *avec embarras.* Monsieur Dupré, j'ai bien l'honneur...

CORBINEAU. Entrez donc, monsieur Dupré, faites comme chez vous.

DUPRÉ, *brusquement.* Bonjour, messieurs, bonjour.

FERDINAND. Mlle Louise, sa santé?

DUPRÉ, *sèchement.* Beaucoup mieux.... grand merci.

CORBINEAU, *à part.* Comme il est aimable! (*Haut.*) J'allais me présenter...

DUPRÉ, *de même.* On vous en dispense, monsieur... je ne suis pas monté pour faire assaut de politesses avec vous.... c'est à M. Ferdinand que je désire parler en particulier.

(Ferdinand s'incline.)

CORBINEAU. Ça se trouve au mieux... j'allais sortir. (*Elevant la voix d'un air important.*) Je vais voir des appartemens, car décidément celui-ci est trop petit. (*Bas à Ferdinand qui le pousse.*) C'est pour le vexer.

FERDINAND, *bas*. Mais, malheureux, tu oublies que nous lui devons deux termes.

CORBINEAU, *à part*. Oh! quelle bêtise! (*Haut.*) C'est-à-dire, l'appartement est bien en lui-même, mais un peu haut.... un peu loin de mes malades.

DUPRÉ, *haussant les épaules*. De vos malades...

CORBINEAU. Vous avez l'air de rire, monsieur Dupré? Eh bien! j'en ai... des maladies sérieuses. (*Avec intention.*) Des maladies du cœur... (*Bas à Ferdinand.*) Je vais faire un tour du côté de Dorothée.... tâche qu'il ne retienne pas notre mobilier, c'est peu de choses; mais ça serait désagréable! (*Haut.*) Ah çà! je vous laisse, messieurs... vous avez à causer de bail, d'états de lieux.... ça regarde l'avocat. (*Frappant amicalement sur l'épaule de Dupré.*) Allons, papa Dupré... ne soyez pas trop méchant! que diable! Quand vous me rencontrerez dans mon cabriolet, vous vous repentirez. (*A Ferdinand.*) Dis donc, le temps n'est pas sûr, je vais prendre ton parapluie.

FERDINAND, *à Corbineau*. C'est le neuf, prends garde...

CORBINEAU, *avec le parapluie*.
AIR : *Vaudeville de la Famille de l'Apothicaire.*
O tilbury des gens à pié
Voiture commode et légère,
L'étudiant ou l'employé
Vit sous sa tente hospitalière.
Ami fidèle, ami nouveau...
Qui, contre l'ordinaire usage,
Reste à l'écart quand il fait beau,
Et se montre les jours d'orage.
(*Il sort.*)

SCÈNE III.
DUPRÉ, FERDINAND.

DUPRÉ, *avec humeur*. Il s'en va... c'est heureux!.. vous ne vous doutez guère du sujet qui m'amène.

FERDINAND, *à part*. C'est pour son argent... il va être furieux quand il saura que nous ne pouvons pas le payer. (*Haut et lui approchant une chaise.*) Asseyez-vous donc, monsieur Dupré.

DUPRÉ. C'est inutile... je n'ai pas un assez grand plaisir à vous voir. (*Plus brusquement.*) Puisqu'il faut vous le dire, monsieur, je vous en veux, je vous en veux beaucoup... avec votre air doux et poli... vous n'avez porté un coup.... parlez-moi de M. Corbineau... c'est un fou, un brise-raison, un mauvais sujet.

FERDINAND, *étonné*. Mais, monsieur, la conduite de mon ami ne me regarde pas, et je ne suis pas responsable...

DUPRÉ. Je le sais bien... pourquoi ne lui ressemblez-vous pas?

FERDINAND, *étonné*. Comment?

DUPRÉ, *toujours avec humeur*. Pourquoi êtes-vous sage, rangé, prévenant, un modèle d'ordre, de modestie, de bonne conduite?

FERDINAND. Vous vous en plaignez?

DUPRÉ. Certainement, c'est une horreur. Il n'y a peut-être au monde qu'un jeune homme doux, studieux... qui ne joue pas, qui n'a pas de maîtresses, il faut que ça soit pour moi.

FERDINAND. Je ne puis comprendre.... c'est une ironie sans doute... et je ne sais comment j'ai mérité.

DUPRÉ, *avec colère*. Eh! non, monsieur, vous êtes un excellent sujet... c'est ce qui m'enrage. (*Grommelant.*) Sans cela, je ne vous aurais pas logé chez moi, je ne vous aurais pas laissé donner des leçons d'italien à ma fille, vous ne vous seriez jamais vus... Louise, qui a le cœur bien placé, n'aurait point fait attention à vous.

FERDINAND, *vivement*. Mlle Louise... ô ciel! que dites-vous?

DUPRÉ. Qu'elle est malade, monsieur, qu'elle ne fait que pleurer, gémir... une fille unique, une enfant que j'adore, que j'ai fait élever dans un pensionnat à huit cents francs, sans compter les maîtres d'agrément, ce qui fait... enfin, tout-à-l'heure... quand j'ai été lui parler des conditions d'un mariage que j'avais presque conclu pour elle... ne s'est-elle pas mise à fondre en larmes... et moi aussi... sans savoir pourquoi; ne s'est-elle pas jetée dans mes bras, en m'avouant que c'était vous seul qu'elle aimait!

FERDINAND. Moi?

DUPRÉ. Vous seul qui pouviez assurer son bonheur.

FERDINAND. Il serait possible!

DUPRÉ. Qu'elle mourrait plutôt que d'être à un autre... voyez un peu où j'en suis. Je ne peux pas laisser mourir mon enfant de chagrin... et me voilà obligé de vous la faire épouser, vous sentez comme c'est désagréable pour moi.

FERDINAND, *avec joie*. Vous êtes donc bien sûr qu'elle m'aime!

DUPRÉ, *soupirant*. Que trop pour mon malheur! car enfin, mon cher monsieur Ferdinand, je ne suis pas fier, je ne veux pas vous humilier par des distinctions de rang... je sais que ça n'existe plus... nous sommes tous égaux... la noblesse n'est rien, mais l'argent est encore quelque chose... et mettez-vous un moment à ma place... moi, un des plus riches tapissiers de Paris... la tête du haut commerce... qui ne meuble que des hôtels et des palais....

dans ce moment encore, l'ambassade de Portugal et l'hôtel de lady Wilton... rue de Richelieu, une grande dame... une pairesse, je crois, que l'on attend... et qui fait une dépense..... salon velours nacarat, un autre bleu et or, boudoir ventre de biche. Mais ça n'y fait rien! moi, monsieur, qui ai exposé à l'industrie, obtenu deux médailles, et manqué encore, l'année dernière, d'être du tribunal de commerce; moi, enfin, qui allais avoir pour gendre une notabilité de la chambre... je ne suis pas fier... mais vous comprenez quel avantage.. et il est bien dur, maintenant, d'être forcé de tout rompre et de donner sa fille à un jeune homme... (*il hésite*) fort aimable, je n'en doute pas... honnête, j'en suis persuadé, mais un jeune homme qui n'a rien... un orphelin, sans fortune, sans consistance.

FERDINAND, *souriant*. Oh! pour cela, je ne veux pas vous tromper, monsieur Dupré, c'est vrai... Je n'ai ni famille, ni héritage, ni titres à espérer... mais qu'importe? l'avenir m'appartient.

DUPRÉ, *haussant les épaules*. Oui, l'avenir!.. un joli patrimoine, que l'on mange tous les jours.... élevez donc des filles uniques, amassez donc de belles dots! pour les sacrifier comme ça!

FERDINAND, *choqué*. Monsieur...

DUPRÉ, *sans s'en apercevoir, et avec effort.* Enfin, puisqu'il le faut, je vous la donne.

FERDINAND, *choqué*. Un instant, monsieur!.. qui vous dit que j'accepte...

DUPRÉ, *inquiet*. Comment, quoi? que voulez-vous dire? Est-ce que vous en aimeriez une autre? Est-ce que vous ne l'aimez pas? elle, ma fille! par exemple... Ne me faites donc pas des peurs comme ça.... mais vous l'aimez, que diable! Vous en êtes fou, vous venez de me l'avouer, vous ne pouvez pas vous en dédire.

FERDINAND, *avec noblesse*. Oui, monsieur, je l'aime plus que ma vie, mais mon honneur m'est plus cher encore, et si ce consentement ne vous est arraché que par la crainte, l'inquiétude... si l'on doit me reprocher un jour d'être entré de force dans votre famille...

DUPRÉ. Qui vous parle de ça!.. c'est le premier moment... que diable! mon cher ami, il faut avoir égard à ma situation.

AIR : *Vaudeville de Partie et Revanche.*

Ayez pitié d'un père honnête,
A qui le ciel, en son courroux,
Fait tomber un' tuil' sur la tête.

(*Se reprenant.*)
Je ne dis pas cela pour vous ;
Ma fille vous veut pour époux.

FERDINAND
Mais si cela vous contrarie...
DUPRÉ.
Beaucoup!... N'importe, épousez-la...
Ne faut-il pas qu'à genoux je vous prie
De me faire ce chagrin-là?

FERDINAND. Ah! monsieur...

DUPRÉ, *le caressant*. Eh bien! je m'y mettrais.... là.... parce qu'au fond... c'est vrai, vous êtes un bon sujet, un aimable garçon, plein d'esprit, que je finirai par aimer avec le temps... Qu'est-ce qui appelle ?

LOUISE, *appelant au dehors*. Mon père !. mon père !

FERDINAND. C'est la voix de Louise...

DUPRÉ, *à part*. Allons, depuis qu'elle sait que je dois le voir, elle ne tient plus en place. (*Elevant la voix.*) Je suis ici, ma bonne! (*A Ferdinand.*) Ah ça! dites-lui bien que vous l'aimez, que vous n'aimez qu'elle seule...(*Elevant encore la voix.*) Chez M. Ferdinand, mon enfant!

SCENE IV.
LES MÊMES, LOUISE.
(Elle s'arrête toute confuse sur le seuil de la porte du fond.)

LOUISE. Ah! pardon!

FERDINAND. Mademoiselle...

LOUISE. Monsieur Ferdinand... j'ignorais, je ne savais pas...

DUPRÉ, *à part*. Elle ne savait pas!.. c'est elle qui m'a envoyé. (*Haut.*) Eh bien! qu'est-ce que tu me veux?

LOUISE, *regardant Ferdinand*. Moi, mon papa... je venais... je voulais vous dire... qu'on vous demande en bas.

DUPRÉ. Qui donc ?

LOUISE, *de même*. Je ne me rappelle plus.

DUPRÉ, *à part*. C'est ça ! un prétexte. (*A Louise.*) Allons, entre! pardi! au point où nous en sommes... (*A part.*) Comme c'est gai!... (*A sa fille.*) Donne-lui la main. (*A Ferdinand.*) Embrasse-la. (*A lui-même.*) Comme c'est amusant !

FERDINAND. Quoi ! monsieur ?

LOUISE, *émue*. Que voulez-vous dire ?

DUPRÉ. Eh ! parbleu !.. que tout est arrangé, qu'il t'aime, qu'il t'adore, et que nous signons le contrat aujourd'hui même.

FERDINAND. Aujourd'hui?

DUPRÉ, *regardant Louise*. C'est clair, la santé avant tout !

LOUISE, *très-émue*. Ah ! mon père, ne me trompez-vous pas?

DUPRÉ. Allons, la voilà qui pâlit... elle va être malade de joie à présent... Dieu! que les enfans sont terribles !

LOUISE, *avec un sourire.* Non, non, cela va mieux... cela va tout-à-fait bien ; mais la surprise, la crainte...

DUPRÉ. Qu'il le dise lui-même. (*A Ferdinand.*) Allons, toi, parle-lui donc... tu es là à la regarder... je ne peux pas tout faire ; est-ce que tu ne l'aimais pas depuis long-temps en secret, comme un fou? dis-le donc. (*A Louise.*) Il va te le dire.

FERDINAND. Si je vous aime !.. moi !..

DUPRÉ. Tu vois ! je ne le lui fais pas dire.

FERDINAND, *avec feu à Louise.* Ah ! depuis que je vous connais, que de fois j'eusse rompu le silence, sans cette fortune qui me désespérait, et qui est encore mon seul chagrin!..

DUPRÉ. Cette bêtise ! comme si la fortune gâtait jamais rien !

FERDINAND. Quel plaisir, si vous n'aviez dû qu'à moi seule cette aisance, cette richesse que je ne voulais acquérir que pour vous !

LOUISE, *tendrement.* Eh bien ! le grand mal ! si nous vous apportons la fortune... je vous devrai le bonheur.... l'un vaut bien l'autre.

FERDINAND, *lui baisant la main.* Chère Louise !

LOUISE. Si vous saviez comme j'étais malheureuse!..

FERDINAND. Et moi donc!..

LOUISE. Je vous avais deviné... oh ! oui, vos regards, cet air triste, rêveur... je me disais : Jamais il n'osera se déclarer à mon père, car c'est l'honneur... la délicatesse même ; (*timidement*) alors j'ai pensé, puisque nous étions les plus riches, que c'était à moi à faire les premiers pas, (*d'un air confus*) c'était bien mal... n'est-ce pas ?... ça ne s'est jamais vu... mais aussi je puis vous l'avouer maintenant... si je m'étais trompée, j'en serais morte.

FERDINAND, *ému.* Louise!

DUPRÉ, *alarmé.* Allons, il n'est pas question de cela.

LOUISE , *souriant.* Oh ! non.... Dieu merci... car je suis bien heureuse... et vous aussi, mon père ?

DUPRÉ, *d'un air bougon.* Certainement... je ne demande pas mieux.

LOUISE, *s'approchant de lui d'un côté.* Nous ne vous quitterons pas.

FERDINAND, *de même.* Toujours là près de vous.

LOUISE. Entouré de vos enfans... qui disputeront de soins.

FERDINAND. De tendresse.

DUPRÉ, *un peu adouci.* Le fait est que ce tableau...

LOUISE, *bas à son père.* Vous ne l'avez pas encore embrassé ?

DUPRÉ, *bas à sa fille.* Ça te ferait donc bien plaisir ?

LOUISE. Oh ! oui.

DUPRÉ, *ouvrant ses bras à Ferdinand qui s'y jette.* Allons donc, mon gendre, mon cher fils!..

FERDINAND. Ah ! monsieur !

LOUISE. Mon bon père !

DUPRÉ. Elle finira par me le faire aimer à la folie... quand ces petites filles se sont mis quelque chose dans la tête... (*S'essuyant les yeux.*) Ah ça ! mes enfans, nous voilà bien contens, bien d'accord ; mais moi quand j'ai pris mon parti, j'aime que les affaires s'expédient promptement. (*A Ferdinand.*) Je vais te conduire chez mon notaire ; de là à la mairie, pour la publication des bancs ; tu as tes papiers ? ton acte de naissance ?

FERDINAND. Ils sont à l'école de droit, au secrétariat.

DUPRÉ. Va les chercher.

FERDINAND, *prenant son chapeau.* Sur-le-champ.

LOUISE. Ne vous amusez pas en chemin.

FERDINAND. Soyez tranquille.

AIR : *Dieu tout-puissant.*
Pour qu'au plus tôt ce doux hymen s'achève,
Je vais tout voir, je vais tout surveiller.
(*A part.*)
Oui, mon bonheur me semble encore un rêve,
A chaque instant je crains de m'éveiller.
(*Prêt à sortir, il revient près de Dupré.*)
Je veux encor, de joie et d'espérance,
Vous embrasser.
　　　　　DUPRÉ.
　　　　　C'est assez comme ça.
　　　　　FERDINAND.
Pour votre fille...
DUPRÉ, *se laissant embrasser. A part, regardant Louise.*
　Ah ! ce n'est qu'une avance,
Car avant peu j' pari' qu'elle lui rendra.
　　　　　TOUS TROIS.
Pour que bientôt notre projet s'achève,
Je vais　}　　　　　{ je vais }
Allez　　} tout voir, { allez　} tout surveiller,
　　　　　　　　　　　　　　　[rêve,
Oui, { son } bonheur { lui } semble encore un
　　　{ mon }　　　　{ me　}
A chaque instant { je crains } de m'éveiller.
　　　　　　　　 { il craint } de s'éveiller.
(*Ferdinand sort en courant.*)

SCÈNE V.
DUPRÉ, LOUISE.

(Après un petit silence, Louise vient à côté de son père, et le regarde avec tendresse.)

DUPRÉ. Eh bien ! tu es contente de ton petit père ?

LOUISE. Oui ! et vous aussi, vous êtes content, n'est-ce pas ?

DUPRÉ. Mon Dieu, pourvu qu'il soit honnête, bon mari... qu'il te rende heureuse... oh! là-dessus par exemple, je n'entends pas raison...

LOUISE. Ah! je ne crains rien, il est si bon, si délicat; et puis de l'esprit, des talens! vous verrez... allez... c'est un jeune homme qui arrivera à tout.

DUPRÉ, *secouant la tête.* Oh! à tout... il ne deviendra pas député.

LOUISE. Pourquoi donc?..

DUPRÉ. Tu crois?.. un avocat!..

LOUISE. Avec du talent... de la loyauté.

DUPRÉ. Et quelques amis, il faut ça... eh bien! ça me ferait plaisir... je ne suis pas fier, mais j'ai toujours désiré avoir un député dans ma famille... ça meuble bien, c'est comme un lustre dans un salon. (*Regardant autour de lui.*) A propos de lustre, voilà une chambre qui en est un peu dépourvue... à peine de quoi s'asseoir.

LOUISE. Ça prouve qu'il avait de l'ordre, et qu'il n'achetait pas de tout côté comme les jeunes gens d'aujourd'hui, sans savoir comment payer.

DUPRÉ, *avec ironie.* Oh! maintenant, il n'y a plus moyen d'y toucher, c'est l'arche sainte. (*On frappe en dehors.*) Qui est-là?.. entrez...

SCENE VI.

LES MÊMES, UN MARCHAND, *suivi de plusieurs jeunes gens de magasin.*

LE MARCHAND, *à Dupré.* Pardon, monsieur... c'est bien ici que demeure un jeune étudiant?

LOUISE. M. Ferdinand?..

LE MARCHAND. Je ne me rappelle pas bien le nom... un joli garçon?

LOUISE. C'est cela, il n'y est pas.

DUPRÉ. C'est égal, qu'est-ce qu'il y a pour votre service?..

LE MARCHAND. Oh! presque rien. (*Aux garçons.*) Venez, messieurs.

DUPRÉ, *à sa fille.* Est-ce qu'on voudrait saisir ses meubles?

LOUISE. Quelle idée!

LE MARCHAND. Il s'agit de quelques bagatelles que nous sommes chargés de déposer ici. (*A un homme qui porte une pendule.*) Sur la cheminée.

DUPRÉ, *ouvrant de grands yeux.* Qu'est-ce que c'est?

LOUISE. Oh! la jolie pendule!

LE MARCHAND, *aux autres.* Les vases à côté; ici le nécessaire en vermeil, l'écritoire de chez Vervelles; près de la glace, la montre de Kellner avec la chaîne de Janisset.

DUPRÉ, *plus étonné.* Ah çà! c'est un trousseau complet.

LOUISE. Mais il ne peut pas avoir commandé tout cela pour le mariage depuis qu'il est parti.

DUPRÉ, *bas.* Parbleu!.. cela prouve que ce jeune homme si sage, si rangé, achète à crédit.

LOUISE, *de même.* Ah! mon papa... il avait peut-être des économies.

DUPRÉ, *de même.* Des économies!.. un étudiant en droit!.. laisse-moi donc tranquille, est-ce que ça s'est jamais vu?.. puisqu'il me disait encore, il n'y a qu'un instant, qu'il n'avait rien, qu'il ne possédait rien. (*Elevant la voix.*) Tu vas voir... d'ailleurs, que ces messieurs vont nous laisser leurs mémoires.

LE MARCHAND. Non, monsieur, ils sont acquittés, tout est payé.

(*Les garçons sortent par le fond.*)

DUPRÉ, *stupéfait.* Tout est payé!

LOUISE. Là! voyez-vous.

DUPRÉ. C'est singulier! (*Au marchand.*) Et par qui donc?

LE MARCHAND, *à Dupré d'un air d'intelligence.* Par une jeune dame.

DUPRÉ, *lui faisant un signe pour que sa fille n'entende pas.* Chut! chut!

LE MARCHAND, *continuant.* Sa sœur, sa femme, peut-être... vous comprenez.

DUPRÉ, *de même.* Taisez-vous! taisez-vous donc. (*A part.*) C'est bien plus inquiétant. (*Ecoutant à la petite porte à gauche.*) Hein! qu'est-ce que c'est? Moquette qui m'appelle?

LOUISE, *frappée d'un souvenir.* J'y pense maintenant... un monsieur qui porte un sac d'argent, qui vous attend au magasin... c'est pour cela que j'étais venue vous chercher tout-à-l'heure.

DUPRÉ, *vivement.* De l'argent!.. et tu ne me le dis pas. (*Criant de la petite porte.*) Je descends. (*A part.*) Ça me paraît très-louche, et moi qui viens de lui donner ma fille; il est bien temps que j'aille aux informations. (*Au fournisseur.*) Passez devant moi, monsieur; cet escalier donne près de mon magasin, il est un peu obscur, mais très-commode, très-facile, bon! (*On entend le marchand tomber dans l'escalier.*) Prenez donc la rampe, la rampe est à gauche. Viens-tu, Louise?

(Il sort.)

SCENE VII.

LOUISE, *seule, apercevant le bouquet.*

Oui, mon père!.. Dieu! qu'ai-je vu? un bouquet, des gants; il reçoit donc des dames?

Air *du Bouquet de bal.*
Mais quels soupçons troublent mon ame,
Quand bien même on viendrait le voir,
Pourquoi supposer qu'une femme
Oublierait ainsi son devoir?...
Non, ce serait lui faire injure,
Et celle-ci, j'en suis bien sûre,
N'a rien oublié...
(*Regardant le bouquet.*)
Malgré ça,
Son bouquet était resté là...

(*La porte du fond s'ouvre, lady Wilton paraît.*)

Que vois-je? Ah! c'est bien pis que le bouquet!

SCENE VIII.
LOUISE, LADY WILTON.

LADY WILTON, *à elle-même.* Une jeune fille chez lui!

LOUISE, *à part avec dépit.* Une dame, et elle est jolie encore!..

LADY WILTON. Je me suis trompée sans doute, mademoiselle... je croyais être chez M. Ferdinand.

LOUISE, *froidement et l'examinant.* Non, madame, non... vous ne vous êtes pas trompée... c'est bien ici.

LADY WILTON, *à part, en regardant la pendule et les autres objets.* En effet, je vois que l'on a exécuté mes ordres.

LOUISE. Mais il n'y est pas, M. Ferdinand, il est sorti.

LADY WILTON, *s'asseyant de côté.* C'est fâcheux, je l'attendrai.

LOUISE, *qui croyait qu'elle allait sortir.* Eh bien! la voilà qui s'établit ici... comme c'est mauvais ton. (*Haut.*) C'est qu'il ne rentrera pas de long-temps, de très-long-temps.

LADY WILTON. N'importe! je ne suis pas pressée!

LOUISE, *appuyant.* Il est allé à l'école de droit chercher des papiers,. parce qu'il paraît qu'il va se marier.

LADY WILTON, *vivement.* Se marier...

LOUISE, *à part.* Elle a tressailli! par exemple! qu'est-ce que ça lui fait?

LADY WILTON, *émue.* Se marier... lui Ferdinand...

LOUISE, *choquée.* Ferdinand! je dis bien monsieur, moi.

LADY WILTON, *se levant.* Mon enfant, je vois que vous êtes de la maison... sans doute une jeune voisine... dites-moi, êtes-vous certaine que ce projet?.. parlez! je veux savoir quel est ce mariage... quelle est cette future, qui a arrangé cela, qui s'en est mêlé? Pourquoi ne m'en a-t-il rien dit? (*Avec vivacité.*) Mais répondez-moi donc!

LOUISE, *interdite.* Mon Dieu! quelle chaleur!

LADY WILTON, *comme à elle-même.* Probablement quelque amourette sans importance... des parens qui se seront emparés de lui... ces pauvres jeunes gens sont si faciles à tromper!

LOUISE, *à part et vivement.* Quelle indignité! (*Haut et très-émue.*) Non, madame, non!.. le père n'a pas cherché à s'emparer de lui... c'est le propriétaire de cette maison... M. Dupré... un honnête homme... un négociant estimable... un marchand... si vous voulez... mais que sa position, son caractère et sa fortune mettent au-dessus de tout soupçon!..... quant à sa fille, elle pouvait choisir entre vingt partis plus brillans, plus avantageux que M. Ferdinand; elle l'a préféré, lui, quoique sans biens... parce qu'elle l'a vu seul... malheureux.... abandonné de tout le monde. Elle n'est pas d'une beauté remarquable... (*avec intention*) elle ne porte ni plumes, ni diamans... mais jamais elle ne s'est éloignée de ses devoirs... jamais elle n'a hasardé de démarches équivoques, et ne s'est jamais trouvée seule et sans guide où elle ne devait pas être.

LADY WILTON, *à part.* C'est elle!... le trait est vif... (*Haut et en souriant.*) Vous croyez, mademoiselle, qu'elle ne s'est jamais trouvée seule, chez un garçon, par exemple?..

LOUISE, *un peu confuse et regardant autour d'elle.* Ah! c'est-à-dire..... ça dépend des circonstances. (*Avec résolution.*) Mais après tout, pourquoi toutes ces questions, ces interrogatoires, et qu'est-ce que cela peut faire à madame?...

LADY WILTON, *se rasseyant.* Oh!... c'est que je m'y intéresse beaucoup.

LOUISE. A M. Ferdinand?

LADY WILTON, *froidement.* A M. Ferdinand.

LOUISE, *vivement.* Madame est de ses parentes?

LADY WILTON. Non!

LOUISE. De ses amies?

LADY WILTON. Oui!

LOUISE, *à part.* De ses amies... c'est bien vague, et je veux absolument savoir...

(Elle s'approche de lady Wilton.)

UNE VOIX, *au bas du petit escalier.* Mamzelle Louise! mamzelle Louise...

LOUISE. Ah! mon Dieu! c'est au magasin, où il n'y a personne.

LADY WILTON. Eh mais! mademoiselle, on vous appelle, je crois.
LOUISE. Mon Dieu! c'est que je ne voudrais pas vous quitter.
LADY WILTON. C'est trop de bonté!

(Les cris recommencent.)

LOUISE. On y va! on y va!... ah! mon Dieu!... c'est terrible... mais je vais revenir!...

(Elle sort.)

SCÈNE IX.
LADY WILTON, seule.

C'est elle, j'en suis certaine! son dépit, sa petite colère..... Mais ce mariage ne se fera pas... oh! non... renverser mes projets... toutes mes espérances !..... je saurai bien l'en empêcher... et, pour commencer, il faut d'abord éloigner Ferdinand de cette maison!.. son ami cherche un appartement... j'ai chargé un de mes gens de le suivre... de lui indiquer mon hôtel. Ce sera beaucoup mieux... car ici, dans ce quartier retiré, dans cette maison de chétive apparence... lorsque j'y viens, je tremble toujours d'être reconnue.... J'ai beau laisser ma voiture à quelques pas... et m'envelopper de mon voile... il ne faudrait qu'un hasard.. qu'une rencontre imprévue... et alors quelle excuse... quels motifs donner?.. et le voir, maintenant, c'est ma vie... mon existence... (*Écoutant à la porte.*) C'est lui, je reconnais sa voix. (*Écoutant toujours.*) Eh mais!.. il n'est pas seul... (*regardant en entr'ouvrant la porte*) un inconnu qui lui parle vivement... ils viennent... ah! bon Dieu! moi qui tremblais d'être surprise... où me réfugier, où me cacher? (*voyant la porte à droite*) ah! cette porte!... attendons que cet homme soit parti.

(Elle entre vivement dans le cabinet dont elle referme la porte. Au même moment, Dupré et Ferdinand entrent par le fond.)

SCÈNE X.
DUPRÉ, FERDINAND.

DUPRÉ. Oui, monsieur, il faut nous expliquer franchement.
FERDINAND. Tout ce que vous voudrez, monsieur Dupré... je suis si heureux.... Tenez, voilà mes papiers... mon acte de naissance, le certificat...
DUPRÉ. Il est bien question de cela, monsieur!.. des certificats... on en a tant qu'on veut... c'est comme les cuisinières qui sont toujours des modèles de fidélité... et qui font danser... (*Gravement.*) Ecoutez-moi, monsieur, et répondez sans rougir.
FERDINAND, *souriant*. Quel préambule!
DUPRÉ. J'ai été jeune comme un autre, et je sais parfaitement... c'est-à-dire je savais autrefois, mais aujourd'hui c'est différent...
FERDINAND. Eh bien! monsieur?
DUPRÉ. Eh bien! monsieur, j'ai des soupçons que j'ai cachés à Louise... parce que la pauvre enfant est encore si faible... et si elle devait être sacrifiée...
FERDINAND. Que voulez-vous dire?
DUPRÉ, *appuyant*. Vous avez des maîtresses, jeune homme!
FERDINAND. Moi, monsieur!
DUPRÉ, *appuyant*. Vous avez des maîtresses!... vous en avez une... au moins.
FERDINAND. Je puis vous jurer...
DUPRÉ. Je ne m'en fâche pas..... je ne vous en fais pas de reproches... mais il faut me l'avouer, il faut me donner des preuves, car je n'ai encore que des indices.
FERDINAND. Monsieur, je ne sais si c'est une épreuve, une plaisanterie... mais j'affirme sur l'honneur!...
DUPRÉ. Prenez garde, jeune homme... vous me deviez deux termes...
FERDINAND. C'est vrai... quel rapport?..
DUPRÉ. Je ne vous les demandais pas...
FERDINAND. Eh bien!
DUPRÉ. Eh bien! monsieur, ils sont payés.
FERDINAND. Payés... et par qui?
DUPRÉ. Par un inconnu... un homme qui m'attendait en bas et qui m'a abordé très-poliment, le chapeau à la main... mais, malgré le soin qu'il avait pris de se déguiser en homme comme il faut... j'ai parfaitement reconnu un valet de chambre de bonne maison... j'ai une telle habitude du grand monde!..
FERDINAND. De quelle part venait-il?
DUPRÉ. Il n'a pas voulu le dire.
FERDINAND. Et il voulait payer mes loyers?
DUPRÉ. Il m'a forcé de les recevoir!
FERDINAND. C'est un malentendu.
DUPRÉ. P'cht... et cette pendule, cette écritoire, cette montre, que l'on a apportées en votre absence... est-ce aussi un malentendu?
FERDINAND, *plus étonné*. Que vois-je? et qui a envoyé cela?

DUPRÉ. Qui? qui?... c'est moi qui vous le demande, puisque je n'en sais rien.
FERDINAND. Mais ni moi non plus.
DUPRÉ, *avec colère*. Laissez donc!... ces cadeaux cachent quelque mystère galant, quelque liaison criminelle... et s'il était vrai...
FERDINAND. Vous oseriez supposer!

SCÈNE XI.

LES MÊMES, LOUISE, *entrant par le fond*.

LOUISE, *accourant essoufflée et le cœur gros*. Mon papa! mon papa!
DUPRÉ, *bas à Ferdinand*. Chut! c'est Louise... nous en reparlerons quand elle ne sera plus là.
LOUISE, *apercevant Ferdinand et d'un air froid*. Ah! vous voilà, monsieur! c'est heureux. (*Regardant autour d'elle*.) Vous étiez seul ici?
FERDINAND. J'arrive avec monsieur votre père.
LOUISE, *de même*. C'est bien! (*A part*.) Elle est partie! (*Bas à Ferdinand*.) Plus tard! quand mon père n'y sera pas, nous nous expliquerons là-dessus.
FERDINAND, *plus étonné*. Comment?
LOUISE, *appuyant*. Et sur d'autres choses que j'ai vues ici...
FERDINAND, *suivant ses regards et voyant les gants sur le bureau*. D'autres choses?... ah! je devine... ces gants que vous avez trouvés...
LOUISE, *soupirant, à elle-même*. Si je n'avais trouvé que ça...
FERDINAND. C'est une cliente qui est venue...
LOUISE. C'est possible!... les clientes, c'est très-commode pour les avocats...
DUPRÉ. Oui... c'est comme les malades pour les médecins.
LOUISE, *d'un air composé*. Mais vous en avez qui prennent un bien vif intérêt à tout ce qui vous touche, monsieur... qui sont fort curieuses, fort indiscrètes!
DUPRÉ. Bah!
FERDINAND. Que voulez-vous dire?
LOUISE, *à son père*. Que tout-à-l'heure cet homme qui vous a apporté de l'argent, vous n'avez pas eu le dos tourné qu'il s'est approché de M. Moquette.
DUPRÉ, *à Ferdinand*. Mon premier commis, un garçon intelligent.
LOUISE. Et lui a fait des questions sur notre jeune locataire du cinquième.
FERDINAND. Sur moi?

LOUISE. S'il sortait souvent? s'il rentrait tard? s'il recevait beaucoup de visites? Quelles personnes il fréquentait?
FERDINAND. Par exemple!
DUPRÉ. Qu'est-ce que ça lui fait?
LOUISE. M. Moquette a cru que c'était un espion.
DUPRÉ. Cela en a tout l'air.
LOUISE. Il l'avait déjà saisi au collet et allait lui faire un mauvais parti...
DUPRÉ, *à Ferdinand*. C'est qu'il est fort comme un Turc, Moquette!
LOUISE. Lorsque cet homme lui a avoué que c'était sa maîtresse qui l'avait chargé de prendre ces renseignemens.
FERDINAND. Sa maîtresse!
DUPRÉ, *se récriant*. Sa maîtresse!
LOUISE, *toute en larmes, à Ferdinand*. Oui, une grande dame!
DUPRÉ, *à part*. Là! je l'avais deviné.
LOUISE, *pleurant plus fort*. C'est elle qui a fait payer vos loyers, c'est elle qui vous a envoyé tous ces cadeaux, c'est elle qui vous a fait suivre, surveiller en secret.
FERDINAND. Mais...
LOUISE, *vivement*. Ne le niez pas... j'étais là... j'ai tout entendu.
DUPRÉ, *à part*. C'est quelque vieille femme qui se ruine pour lui... et qui en est jalouse!... une marquise italienne... elles n'en font jamais d'autres.
LOUISE, *s'essuyant les yeux*. Et maintenant, monsieur, parlez.... justifiez-vous si vous pouvez. Quelle est cette dame? d'où la connaissez-vous? Je veux tout savoir, d'abord.
FERDINAND, *hors de lui*. J'en deviendrai fou... c'est un complot! une infâme calomnie pour me perdre, pour m'enlever Louise! mais je saurai confondre... (*Comme frappé d'une idée subite*.) Ah! attendez! quel trait de lumière... (*Courant à Louise*.) Cet homme a-t-il affirmé qu'il venait pour moi, pour M. Ferdinand? m'a-t-il nommé?
LOUISE. Non! il a dit le jeune homme du cinquième.
FERDINAND, *vivement*. Je l'aurais parié... c'est pour Corbineau.
DUPRÉ. Pour Corbineau?
LOUISE. Pour M. Corbineau?
FERDINAND. J'en suis sûr, maintenant. (*A part*.) Cette blonde dont il me parlait ce matin! cette folle qu'il a ensorcelée. (*Haut*.) C'est Corbineau, vous dis-je, et les questions, les loyers, les cadeaux, tout est pour lui.
LOUISE. Il serait vrai?
DUPRÉ. Ça n'est pas possible.

SCÈNE XII.

Les Mêmes, CORBINEAU, *entrant en chantant :*

Quand on sait aimer et plaire, etc.

FERDINAND, *à Corbineau qui entre.* Hé! arrive donc...

DUPRÉ, *regardant Corbineau.* Je ne croirai jamais qu'un physique pareil puisse valoir ce prix-là! c'est exorbitant.

CORBINEAU. Tu étais impatient! sois tranquille, nous ne coucherons pas dans la rue. (*Narguant Dupré.*) Nous avons un appartement, mon cher.

FERDINAND. Il ne s'agit pas...

CORBINEAU. Et un appartement un peu soigné! pas au cinquième! pas de mansardes! un hôtel magnifique, où nous aurons un entresol charmant.

FERDINAND. Il faut d'abord...

CORBINEAU. C'est un monsieur très-obligeant qui me l'a indiqué... cent cinquante francs de loyer.

FERDINAND. Mais...

CORBINEAU. Salon, salle à manger, deux chambres à coucher, cabinet avec des dégagemens, office, salle de bain...

FERDINAND. Es-tu fou?.. cent cinquante francs!

CORBINEAU. Oui... mais il sera meublé! on est en train.

DUPRÉ, *se récriant.* Oh!

CORBINEAU, *le regardant avec malice.* Il paraît que les loyers tombent beaucoup.

FERDINAND, *impatienté.* Va-t-en au diable!

CORBINEAU. Je l'ai arrêté.

FERDINAND, *en colère.* Je n'en veux pas.

CORBINEAU. Eh bien! je le garde pour moi.

FERDINAND, *avec ironie.* Oui... ça ira bien avec le reste.

CORBINEAU, *étonné.* Quoi donc?.. quel reste?

FERDINAND. Eh parbleu!... tout ce que l'on t'a apporté, et ce qui depuis un quart d'heure me fait tourner la tête, ce nécessaire-ci, une pendule, une montre, que sais-je?

CORBINEAU, *avec joie.* Comment? une montre! elle s'y est donc mise, Dorothée, hein!.. quand je te le disais... Voilà ce que j'appelle une femme!

LOUISE, *à son père.* Vous l'entendez?..

FERDINAND, *à Dupré.* Là!..

DUPRÉ, *étonné.* Je ne peux pas en revenir.

CORBINEAU, *courant d'un objet à l'autre.* Tu ne voulais pas me croire! les blondes sont très-sensibles. Pauvre femme !....

Dieu! quelle richesse, quelle élégance!.. Créature céleste, et cette montre (*la mettant*), toujours là sur mon sein..... une chaîne d'or; je porterai toujours les tiennes.. enchanteresse!...

FERDINAND, *à Dupré.* J'espère que vous ne doutez plus...

LOUISE, *avec joie.* Vous voyez que ce n'est pas pour lui, qu'il était innocent...

DUPRÉ. Je suis pétrifié.

CORBINEAU, *se carrant et mettant les mains aux entournures de son gilet.* Voilà, mon cher Dupré, voilà ce que c'est que d'être aimable! (*A Ferdinand.*) Tu verras que le cabriolet viendra aussi, et alors tu ne m'éclabousseras plus dans ta calèche...

DUPRÉ *et* LOUISE. Sa calèche!..

CORBINEAU. Ou celle de sa maîtresse... c'est la même chose... une femme charmante qui l'adore!..

DUPRÉ *et* LOUISE. Sa maîtresse!

FERDINAND, *à demi-voix, à Corbineau.* Te tairas-tu?.. devant mon beau-père et ma prétendue?

CORBINEAU. Sa prétendue!

FERDINAND, *regardant Louise.* Dieu!... elle pâlit!

DUPRÉ, *effrayé.* Elle va se trouver mal, il ne me manquait plus que ça!..

CORBINEAU, *la soutenant.* Sa prétendue! il fallait donc m'en prévenir. (*A Dupré.*) Ce que j'en disais, c'était pour le vanter, pour le faire valoir... parce que cette autre dame... la calèche. (*Bas à Ferdinand.*) Je vais la prendre sur mon compte, qu'est-ce que ça me fait? (*Haut.*) La calèche... C'est moi qu'elle aime...

DUPRÉ. Celle-là aussi...

CORBINEAU. Comme une folle.(*A Louise.*) Oui, mademoiselle Louise, c'est une passion qui est à moi seul, qui m'appartient, je vous le prouverai... (*Aux autres.*) Cela lui fait du bien... elle revient...(*A Dupré.*) Un peu d'eau de Cologne, là, dans cette chambre...

DUPRÉ. J'y cours...

(Il va pour entrer; lady Wilton paraît.)

SCÈNE XIII.

Les Mêmes, LADY WILTON.

DUPRÉ, *surpris, jette un cri.* Ah!

FINAL.

ENSEMBLE.

Fragment de Fra-Diavolo.

LOUISE.

Ah! grand Dieu! c'est elle
Qui se dérobait à nos yeux!
O douleur mortelle!
Cette femme en ces lieux!

DUPRÉ.
Surprise nouvelle!
Il l'avait cachée à nos yeux!
Surprise nouvelle!
Une femme en ces lieux!

FERDINAND et CORBINEAU.
Ah! grand Dieu! c'est elle!
Je n'ose en croire mes yeux!
Ah! grand Dieu! c'est elle!
Une femme } en ces lieux!
Elle était }

(La musique continue piano pendant ce qui suit.)

CORBINEAU, à part. L'imbécile... qui ne me prévient pas!

LADY WILTON, avec douceur. Je suis fâchée de vous déranger, monsieur Ferdinand... mais je vous attendais depuis longtemps.

FERDINAND, embarrassé. Madame!..

CORBINEAU, à part. Bien... il n'y a plus moyen de dire que c'est pour moi... aussi, il en a trop! ça amène des scènes très-pénibles.

DUPRÉ, à Ferdinand. Vous comprenez maintenant, monsieur, qu'il n'y a plus de mariage, et que tout est rompu.

ENSEMBLE
DUPRÉ.
Pour moi quel outrage!
Plus de mariage!
Oublie un homme affreux,
Et sortons de ces lieux.

LOUISE.
Un pareil outrage
De lui me dégage...
Je brise tous nos nœuds,
Ah! fuyons de ces lieux.

LADY WILTON.
D'un tel mariage,
Oui, je vous dégage;
Vous devez à leurs vœux
Obéir, je le veux.

CORBINEAU.
Quel bruit, quel tapage!
Mais c'est leur usage,
Quand un amant heureux
Au lieu d'une en a deux.

FERDINAND, au désespoir.
Plus de mariage,
Et c'est votre ouvrage.
Ah! fuyez de ces lieux,
Otez-vous de mes yeux!

(Ferdinand veut arrêter Dupré et Louise; lady Wilton s'approche de lui pour le calmer, ainsi que Corbineau; Dupré entraîne sa fille. La toile tombe.)

ACTE DEUXIÈME.

Le théâtre représente un boudoir élégant; porte au fond, deux portes latérales.

SCENE PREMIERE.

(Dupré achevant de poser une draperie; Louise assise à droite et achevant de coudre un rideau de mousseline.)

DUPRÉ, LOUISE.

DUPRÉ, regardant ce qu'il vient de faire. Si on ne se donnait pas soi-même le coup d'œil du maître, ces gens-là n'ont rien d'artiste... ça ne sera jamais que des tapissiers et pas autre chose. (S'approchant de Louise.) Eh bien! qu'est-ce que tu faisais?.. tu pleures!

LOUISE. Non, mon père.

DUPRÉ. Parbleu! je le vois bien... et ce n'est pas pour cela que je t'ai amenée avec moi...

AIR: *De sommeiller encor, ma chère.*

C'est pour travailler sans relâche,
C'est le remède en pareil cas!
Par amour, j'ai doublé la tâche;
Car c'est le travail ici-bas
Qui nous fait oublier, ma chère,
Nos ennuis, nos chagrins, nos maux.

(Avec un soupir.)

Aussi va! du temps de ta mère,
Je n'ai pas pris un instant de repos.

Je travaillais!..... ah! c'est elle qui est cause de ma fortune. (*Regardant l'ouvrage que tient Louise.*) Eh bien! ce rideau n'est pas même commencé?

LOUISE. C'est que vous avez beau dire, mon père, je suis sûre qu'il m'aime.

DUPRÉ. Et qui donc?

LOUISE. M. Ferdinand.

DUPRÉ. Encore lui!... Je ne veux plus y penser.

LOUISE. Ni moi non plus.... mais si cependant il n'était pas coupable?

DUPRÉ. Pas coupable... quand on trouve une femme enfermée chez lui!

LOUISE. Mais alors convenez que c'est bien mal... que c'est indigne!

DUPRÉ. Je suis de ton avis.

LOUISE. Et qu'après un trait pareil il faut détester tous les hommes.

DUPRÉ. Certainement... excepté ton père, et le mari que je te destine, ma notabilité.

LOUISE. Quoi! vous pouvez déjà penser à un nouveau gendre?

DUPRÉ. Dis donc à l'ancien... comme par bonheur, je n'avais pas retiré ma parole.... il est inutile de lui dire maintenant qu'il y a eu un laps dans notre fidélité ; j'irai le voir aujourd'hui en sortant de cet hôtel. (*Regardant autour de lui.*) Voilà l'entresol terminé, sauf les petits rideaux à mettre dans ce boudoir... cela te regarde ; je monte au premier, surveiller mes commis, parce qu'il y a là, un salon à se faire une réputation... une tenture en velours blanc.

LOUISE. Quel est donc le propriétaire de ce bel hôtel ?

DUPRÉ. Une mylady, qui est arrivée depuis hier de sa campagne d'Auteuil... une grande dame..... une parente de l'ambassadeur d'Angleterre.

LOUISE. Est-elle jolie ?

DUPRÉ. Je ne l'ai pas encore vue, mais je l'ai entendue, car elle sonnait ce matin à briser tous mes cordons, qui sont beaux, mais pas trop solides... elle attendait une lettre qui n'arrivait pas. Du reste, je n'ai eu affaire qu'à son intendant, un galant homme qui aime le grandiose, et je tâcherai que tout soit dans ses goûts !.. tout, jusqu'au mémoire.

LOUISE. Est-ce que mylady habite ce côté de l'hôtel ?

DUPRÉ. Du tout, il est préparé pour des amis à qui elle l'a loué et qui doivent même l'occuper dès ce soir ; ainsi dépêche-toi.

AIR : *Hardi coureur* (du Lorgnon).

Va, mon enfant !
Et dans l'instant
Reprends l'ouvrage
Avec courage.

LOUISE.

Je ne saurais...
A mes regrets
Comment m'arracher désormais !

(*Pleurant.*)

Je ne pourrai supporter mon malheur.

DUPRÉ.

Dans le commerce il faut qu'on se retranche
Et les tourmens, et les peines du cœur ;
Car, pour pleurer, on n'a que le dimanche.

ENSEMBLE.

DUPRÉ.

Va, mon enfant !
Et dans l'instant
Reprends l'ouvrage
Avec courage.
Plus de regrets !
Je ne saurais
Te les pardonner désormais.

LOUISE.

Que de tourmens !
Ah ! je le sens,
Je perds l'espoir et le courage ;
A mes regrets
Je ne saurais
Hélas ! m'arracher désormais.

(*Elle entre dans le cabinet à gauche.*)

DUPRÉ, *lui parlant toujours*, Et pense à ce que tu fais ; on a bien vite perdu une aune de mousseline à douze francs, qu'il faut faire payer vingt-quatre, pour s'y retrouver, et ça ne m'arrange pas, car je n'y gagne rien. (*Prenant des papiers sur la table.*) Voyons, où sont mes dessins et mes échantillons !

SCÈNE II.

DUPRÉ, CORBINEAU, *entrant par le fond.*

CORBINEAU. Ça n'est pas mal du tout, et je suis satisfait.

DUPRÉ, *à part*. Que vois-je ? M. Corbineau ! je ne pourrai pas m'en débarrasser.

CORBINEAU. Monsieur Dupré ! notre ancien et cher propriétaire ! que diable faites-vous ici ?

DUPRÉ. J'y suis de mon état, monsieur, je viens de donner la dernière main à ce petit salon.

CORBINEAU. Tant pis, parce que d'ordinaire vous n'êtes pas bon marché ! mais ça m'est égal, ça ne me regarde pas, ça regarde la propriétaire ; j'ai loué meublé.

DUPRÉ. Qu'est-ce que vous me dites là ? vous avez loué ?

CORBINEAU. Ce petit entresol.

DUPRÉ. Vous seriez ici ?..

CORBINEAU, *s'asseyant*. Chez moi ! donnez-vous donc la peine de vous asseoir.

DUPRÉ. Monsieur, je n'ai pas envie de rire.

CORBINEAU, *assis*. Je le crois aisément, car vous voyez bien maintenant que vous avez perdu en moi un excellent locataire ; mais c'est votre faute, vous êtes trop cher ! Comparez seulement ce logement-ci au vôtre, et dites-moi franchement si pour cinquante francs de plus...

DUPRÉ. Vous louez ceci cent cinquante livres ?

CORBINEAU. Meublé ! et ça pourrait être mieux, car voilà un fauteuil qui est dur ; vous me direz, à cela, que c'est neuf. (*A un domestique qui entre, portant deux valises.*) Mettez nos effets dans la chambre à coucher. Où est-elle ?

DUPRÉ. C'est d'une impudence !...

CORBINEAU, *qui a ouvert la porte à droite*. Par ici, bon style : tendu en satin, deux lits de maîtres, commode en palissandre, avec incrustations. (*A Dupré.*) Ça, c'est différent, je rends justice ! (*Au domestique.*) Défaites ma valise, ça ne sera pas long ; et puis celle de mon ami Ferdinand que j'ai apportée malgré lui.

DUPRÉ. M. Ferdinand loge avec vous ?

CORBINEAU.

Air de *Masaniello.*

Vous l'aviez chassé, je l'accueille,
Pour mon cœur quel devoir plus doux ?

(*Appuyant avec importance.*)

Chez moi, monsieur, je le recueille,
Car tout est commun entre nous !
Et quand par son propriétaire
Oreste, hélas ! était banni,
Pilade avec lui d'ordinaire
Partageait son hôtel garni.

Et le voilà, ce cher Oreste !

SCÈNE III.

DUPRÉ, CORBINEAU, FERDINAND, UN DOMESTIQUE.

FERDINAND, *entrant en regardant derrière lui.* Ah çà ! Corbineau, qu'est-ce que ça signifie ? Où suis-je ?

CORBINEAU. Chez nous, mon cher ami.

FERDINAND. Du tout ! je n'entends pas rester ici ; je ne veux pas que tu y restes toi-même. Un hôtel d'ambassadeur, une cour magnifique, un suisse ; j'ai cru m'être trompé de numéro.

CORBINEAU. Du tout, le 87.

FERDINAND. Je demande M. Corbineau, on me dit : à gauche dans la cour, à l'entresol ! Un escalier en pierre, porte en acajou, antichambre, salle à manger, premier salon, et j'arrive jusqu'ici.

CORBINEAU. Tu n'as rien vu encore, une chambre délicieuse décorée par monsieur.

FERDINAND. Monsieur Dupré ?

CORBINEAU. N'aie pas peur, ce n'est pas nous qui paierons le mémoire.

FERDINAND. Et tu ne rougis pas de honte !

CORINEAU. Pourquoi cela ?

FERDINAND. Mais c'est la même main qui t'a déjà envoyé cette pendule, cette chaîne, et s'il y a au monde, ce que je ne pouvais croire, une femme assez absurde, assez folle pour se ruiner pour toi...

CORBINEAU. Quoi ! cette pauvre Dorothée ! tu la soupçonnerais, eh bien ! franchement, moi aussi.

FERDINAND. Elle ou une autre, tu me suivras, car je t'emmène à l'instant, sans vouloir même savoir chez qui nous sommes !

DUPRÉ, *qui a repris son travail.* Parbleu ! vous êtes chez une parente de l'ambassadeur d'Angleterre, chez mylady Wilton.

CORBINEAU. O ciel ! ce ne serait pas Dorothée, c'en serait une autre, une mylady ! conviens que je suis un heureux coquin ; je n'y pensais pas, je n'en voulais à personne, et en voilà déjà deux !

DUPRÉ, *travaillant à la croisée.* Ce carabin me déplaît souverainement, si je n'avais pas ces embrasses à poser...

CORBINEAU. Ce n'est pas ma faute, si la beauté veut faire ma fortune.

FERDINAND. Et quand il serait vrai, tu ne devrais pas le souffrir.

CORBINEAU. Est-ce que je pouvais le deviner ? elle y a mis tant de grâce, tant de délicatesse, elle n'y avait paru en rien, et cet homme d'affaires, cet intendant, qui m'a loué cela, y a mis une bonhomie...

DUPRÉ, *quittant sa fenêtre.* Quoi ! c'est l'intendant... M. Williams.

CORBINEAU. M. Williams, c'est cela même, un Anglais, qui me dit (*baragouinant*): « Mon gentleman, vous cherchez un appartement ? » C'est vrai, j'étais dans la rue, le nez en l'air, regardant tous les écriteaux. (*Baragouinant.*) « Je avoir une jolie petite appartement meublée de garçon, que je pouvais vous louer pour cent cinquante livres. »

DUPRÉ. Il vous a dit cent cinquante livres ?

CORBINEAU. En toutes lettres.

DUPRÉ. Parbleu ! je le crois bien, des livres sterlings, les Anglais n'en connaissent pas d'autres.

CORBINEAU. Hein ! que dites-vous ?

DUPRÉ. Que vous avez loué cent cinquante guinées, c'est-à-dire à peu près trois mille six cents francs ; ce qui n'est certainement pas cher.

CORBINEAU. Ah ! mon Dieu ! et moi qui ai consenti en sous seing-privé, pour Ferdinand et pour moi, un bail de douze ans !

FERDINAND. Qu'as-tu fait là ?

CORBINEAU. À cause du bon marché.

FERDINAND. Mais, malheureux, tu nous ruines, nous voilà débiteurs d'une quarantaine de mille francs.

CORBINEAU. Nous n'emportons pas les meubles, nous n'emportons pas la maison ! le bail est nul, faute de paiement.

FERDINAND. Et que dira-t-on de nous ? pour qui allons-nous passer ? pour des intrigans, des chevaliers d'industrie.

DUPRÉ. Ça se pourrait bien, sans compter l'indemnité qu'on est en droit de vous demander.

CORBINEAU. Si ce n'est que cela... ça ne m'embarrasse pas, j'écrirai à Dorothée... « Je reviens à toi, ma Dorothée... » et tu vois bien, toi qui me blâmais tout-à-l'heure, nous serons trop heureux de la retrouver; pauvre Dorothée, va!

LE DOMESTIQUE, *entrant et annonçant.* Mylady Wilton.

DUPRÉ. La propriétaire!

FERDINAND. Ah! mon Dieu!

LE DOMESTIQUE. Qui désirerait parler à ces messieurs.

FERDINAND, *à Corbineau.* Cela te regarde, arrange-toi.

AIR : *Bacchanale des Nones.* (Robert-le-Diable.)

A l'instant je veux
Sortir de ces lieux,
L'honneur me le commande !
Je te le demande,
Et soudain je vais
Faire nos deux paquets!
    CORBINEAU, *troublé.*
Fais ton paquet! oui, c'est fort bien!
Et moi, je vais avoir le mien.
        ENSEMBLE.
        FERDINAND.
A l'instant je veux, etc.
        CORBINEAU.
Non pas, moi je veux
Rester en ces lieux,
L'amour me le commande !
Je te le demande,
Et tu vas exprès
Renverser mes projets.
    DUPRÉ, *à Corbineau.*
Au gré de ses vœux
Sortez de ces lieux,
L'honneur vous le commande !
(*Montrant Ferdinand.*)
Et puisqu'il s'amende,
A l'instant je vais
Seconder ses projets!

(*Ferdinand entre dans la chambre à droite.*)

SCÈNE IV.

CORBINEAU, DUPRÉ.

CORBINEAU. Mais attends donc! tu ne peux pas me laisser ainsi en gage.

DUPRÉ. D'autant qu'un pareil gage serait loin de répondre des loyers.

CORBINEAU. Maître Dupré, je suis encore chez moi, attendu que j'ai loué, et je vous prie de sortir à l'instant par cette porte si vous n'aimez mieux par cette croisée que vous avez décorée vous-même.

DUPRÉ, *d'un air railleur.* Ne vous fâchez pas, monsieur le locataire. Je retourne au salon du premier, que vous pourrez peut-être prendre, si vous quittez celui-ci avant le terme.

CORBINEAU, *lui montrant la porte.* Raison de plus pour se hâter d'en jouir. (*Avec majesté.*) Sortez! (*Dupré sort en lui faisant une salutation ironique.*) Et allons donc!..
Il n'y a rien d'ironique et de gouailleur comme le petit commerce! surtout la tapisserie, ça se drape avec une fierté!... mais je lui rendrai cela d'un jour à l'autre, grâce à Dorothée.... Ah! mon Dieu! voici mylady.

SCÈNE V.

CORBINEAU, LADY WILTON, LE DOMESTIQUE.

CORBINEAU, *faisant plusieurs salutations très-profondes.* Quoi! mylady, vous daignez, c'est moi certainement qui aurais dû... et j'allais avoir l'honneur de me rendre. (*Levant les yeux.*) Ah! mon Dieu! que vois-je?..

LADY WILTON. Votre propriétaire.

CORBINEAU, *à part.* L'inconnue de ce matin!.. La cliente de Ferdinand serait une mylady!

LADY WILTON. Je venais savoir par moi-même!.. si vous vous trouviez bien dans votre appartement.

CORBINEAU, *avec hésitation.* C'est petit, mais c'est charmant! flatterie à part, c'est très-bien! trop bien peut-être pour un jeune médecin comme moi, et un avocat comme mon ami, un avocat qui commence; nous craignons que cela n'éloigne les cliens.

LADY WILTON. Comment cela?

CORBINEAU. Le local pourrait les effrayer pour les honoraires, parce que l'on paie toujours en raison, non pas du mérite, mais de l'appartement.

LADY WILTON. S'il en est ainsi, il faudrait prendre un logement encore plus cher, ne fût-ce que par spéculation.

CORBINEAU. C'est ce que font beaucoup de nos confrères... mais mon ami et moi, nous ne spéculons pas, nous ne tenons pas aux richesses, et nous réfléchissions à ce bail que j'ai signé à votre intendant, ce bail de douze ans.

LADY WILTON, *souriant.* Un engagement aussi long vous effraie.

CORBINEAU, *vivement.* Non pas avec vous, mylady. (*Avec embarras.*) Mais avec votre intendant; car, s'il faut vous l'avouer, ce prix de cent cinquante livres...

LADY WILTON. Trouvez-vous que ce soit trop cher?

CORBINEAU. En français, non! parce que cent cinquante livres, c'est très-bien, c'est dans nos mœurs, dans nos habitudes; chaque pays a les siennes; mais ce qui est dans vos usages et ce qui n'est pas dans les nôtres, à mon ami et à moi, ce sont les sterlings.

LADY WILTON. Que voulez-vous dire?
CORBINEAU. Qu'il y a eu de ma part une petite erreur.
LADY WILTON. Dont je ne veux pas profiter! et ce sera comme vous l'avez entendu, vous et votre ami.
CORBINEAU, *avec joie.* En français?
LADY WILTON. Certainement! je l'exige.
CORBINEAU. Ah! mylady.
LADY WILTON. Ne m'en remerciez pas, car, à un moindre prix encore, vous me rendriez grand service.
CORBINEAU. Que dites-vous?
LADY WILTON. Je vais m'absenter, je pars pour Strasbourg, et j'étais fort inquiète de laisser ainsi cet hôtel seul et abandonné; mais, habité par vous et votre ami, me voilà tranquille.
CORBINEAU. Ah! madame...
LADY WILTON. Vous acceptez?
CORBINEAU. Le moyen de vous rien refuser!
LADY WILTON. Je vous en remercie, et vous m'enhardissez.
CORBINEAU. Comment?
LADY WILTON. Je pousserai encore plus loin l'exigence. Je laisse ici un mobilier considérable, des chevaux, des domestiques qui n'auraient rien à faire, des voitures qui se perdraient sous la remise, et je vous prierai en grâce, dans mon intérêt, de vouloir bien vous en servir vous et votre ami, le plus souvent possible.
CORBINEAU, *à part.* Allons, voilà les voitures à présent. (*Haut.*) En honneur, madame, je suis confus.
LADY WILTON. Du service que vous me rendez?.. c'est être trop généreux. Mais croyez que de mon côté je ne serai pas ingrate, et si dans le monde où je suis répandue je peux vous être utile, à vous et à votre ami...
CORBINEAU, *à part.* Toujours le même refrain! c'est drôle! je ne puis pas marcher sans mon ami.

LADY WILTON.
AIR : *de Céline.*

Par mes protecteurs et mon zèle,
Si je puis vous servir tous deux,
Augmenter votre clientelle...

CORBINEAU.
Ah! pour moi, c'est trop généreux.
(*A part.*)
Dans ces bienfaits un dessein secret perce,
Et je commence à soupçonner qu'ici
Je sers de chemin de traverse
Pour arriver à mon ami.

(*Haut.*) Ma clientelle! Certainement, je ne demande pas mieux; non pas que je n'en aie déjà une assez nombreuse.
LADY WILTON. Je le crois.

CORBINEAU. Et surtout assez élevée. J'ai des malades en haut du faubourg Saint-Jacques, du faubourg Saint-Martin, dans tous les faubourgs; je n'ai pas un moment de libre. (*Regardant sa montre.*) Ah! mon Dieu! deux heures! (*A part.*) Et Dorothée, je suis sûr qu'elle compte sur moi.
LADY WILTON. Qu'est-ce donc? une visite?
CORBINEAU. Une visite très-pressée.
LADY WILTON. Un malade?
CORBINEAU. Au faubourg Saint-Martin. Oui, une personne qui souffre beaucoup, et que ma présence seule peut calmer.
LADY WILTON. A deux heures? vous n'y serez jamais.
CORBINEAU. C'est vrai! elles vont sonner dans l'instant; mais en courant un peu vite....
LADY WILTON. De la rue de Richelieu au faubourg Saint-Martin, je ne le souffrirai pas. (*Elle sonne.*) John, un cheval au tilbury.
CORBINEAU. Quoi! vous voulez?..
LADY WILTON. Vous vous essaierez à me remplacer.
CORBINEAU. Au fait! ça fera très-bien, ça haussera les actions.
LADY WILTON. John! rien encore? pas de lettres de Strasbourg?
JOHN. Non, mylady!
LADY WILTON, *à part.* Oh! mon Dieu! chaque instant accroît mon impatience.
CORBINEAU. Le jockey vient-il aussi?
LADY WILTON. Sans doute!
CORBINEAU. Un jockey en livrée! pauvre Dorothée, la voilà obligée de me donner un cocher... (*Se retournant vers lady Wilton.*) Ah! madame, Ferdinand avait bien raison de dire que vous étiez la meilleure, la plus aimable des femmes.
LADY WILTON, *avec émotion.* Ah! il vous a dit cela? s'il le pense et vous aussi, c'est tout ce que je demande.
CORBINEAU, *vivement.* Je le jure.
LADY WILTON. Prouvez-le moi, en tenant votre parole et en restant ici tous les deux... Adieu, mon cher locataire, adieu!
(Elle sort.)

SCENE VI.

CORBINEAU, puis FERDINAND, LE DOMESTIQUE.

CORBINEAU, *seul.* Elle est adorable! et Dorothée elle-même n'en approche pas... (*Se frottant les mains.*) Gouaille à présent, vieillard ironique, gouaille tant que tu voudras, je reste à l'entresol, et j'irai au premier quand ça me conviendra.

FERDINAND, *sortant de la chambre à droite avec deux valises sur l'épaule.* Tous nos paquets sont faits.

CORBINEAU. Eh bien! où vas-tu donc?

FERDINAND. Je m'en vais.

CORBINEAU. Ce n'est pas la peine! c'est arrangé, tu peux rester.

FERDINAND. C'est arrangé?

CORBINEAU. Oui, mon ami, il y avait erreur, et comme erreur n'est pas compte, tout est rectifié et convenu entre moi et lady Wilton, le loyer sera de cent cinquante livres de France, pour cet appartement.

FERDINAND, *étonné.* Corbineau!

CORBINEAU.
AIR : *Adieu, je vous fuis*, etc.
La jouissance du jardin,
Dans notre loyer est comprise.

FERDINAND, *parlé.* Corbineau!

CORBINEAU, *chanté.*
Et, mon cher, nous avons enfin
Et l'écurie et la remise.

FERDINAND, *haussant les épaules.*
C'est fort heureux!...

CORBINEAU.
Oui, car cela
Me décide à prendre équipage.

FERDINAND, *parlé.* Toi?

CORBINEAU, *achevant l'air.*
Mon Dieu! quand l'écurie est là,
Il n'en coûte pas davantage!

FERDINAND, *jetant les valises et lui prenant le bras.* Corbineau, tu m'inquiètes, et je crains que tu ne sois pas dans ton bon sens.

CORBINEAU. Ah! tu crois cela?

LE DOMESTIQUE, *rentrant.* Le tilbury est prêt, monsieur.

FERDINAND, *étonné.* Hein?

CORBINEAU. John! est-ce le gris pommelé?

LE DOMESTIQUE. Non, monsieur, l'alezan.

CORBINEAU, *avec aplomb.* L'alezan? c'est bien, je descends.

(Le domestique, sur un signe de Corbineau, rentre les deux valises dans la chambre à droite.)

FERDINAND. Toi, en tilbury?

CORBINEAU. Pour faire mes visites, mon cher, pour voir mes malades... et autres, car il est impossible que maintenant la clientèle n'augmente pas chaque jour.

FERDINAND, *avec impatience.* Ah çà! m'expliqueras-tu?..

CORBINEAU. Je n'ai pas le temps, mais j'ai promis que nous resterions ici, et tu auras beau dire, nous y resterons... Que diable! mon ami, il faut se résigner, et se laisser faire, c'est tout ce qu'on te demande.

FERDINAND. Que veux-tu dire?

CORBINEAU, *s'appuyant sur son épaule.* Que nous sommes nés tous les deux sous une heureuse; étoile mais tu croyais être chez moi, et j'ai idée maintenant que c'est moi qui suis chez toi... adieu!

FERDINAND, *voulant le retenir.* Corbineau!

CORBINEAU. Adieu, adieu!... Mon tilbury est en bas... je n'ai pas un moment à moi.

(Il sort avec le domestique.)

SCENE VII.

FERDINAND, *puis* LOUISE.

FERDINAND, *seul.* Il est fou, ma parole d'honneur, et il fait bien de monter en tilbury, si c'est pour aller à Charenton, il y arrivera plus vite! Allons, allons, moi du moins, je ne dois pas rester ici un instant de plus... (*Au moment où il va sortir, Louise paraît à la porte à gauche.*) Que vois-je?

LOUISE. Monsieur Ferdinand.

FERDINAND. Louise... (*La retenant.*) Ah! restez de grâce!.. moi qui ne voulais, qui ne cherchais qu'une occasion pour vous voir et me justifier.

LOUISE. Laissez-moi, je retourne près de mon père.

FERDINAND. Ce n'est pas votre père qu'il m'importe de convaincre, c'est vous!.. et quoique les apparences soient contre moi, il me sera si aisé de vous prouver que je ne suis pas coupable...

LOUISE. Je sais, monsieur, que les avocats prouvent tout ce qu'ils veulent, mais pour nier ce que j'ai vu de mes propres yeux, il faudrait bien du talent.

FERDINAND. Je n'en ai pas besoin! il me suffira de la vérité; et si j'avais aimé la personne que l'on suppose, pourquoi aurais-je accepté votre main; pourquoi aurais-je été si joyeux de l'obtenir, et dans ce moment encore, où notre mariage est rompu, où je pourrais profiter de ma liberté, où je pourrais vivre auprès d'une autre, qui me ramène à vos pieds? qui me force à vous implorer? si ce n'est l'amour que j'ai toujours pour vous!.. Parlez, répondez-moi, de grâce.

LOUISE. Il y a bien quelque chose de raisonnable dans ce que vous dites là! mais cette dame si belle et si élégante qui était chez vous...

FERDINAND. Je l'ignorais, je vous le jure.

LOUISE. Qui s'y trouvait cachée?

FERDINAND. Voilà ce que je ne puis comprendre ; car je la connais à peine, et la preuve c'est que si vous daigniez me rendre votre tendresse, et votre père son consentement... aujourd'hui même, à l'instant, malgré toutes les menaces que je brave et que je défie, je serais trop heureux de vous épouser.

LOUISE. Bien vrai !... vous ne connaissiez pas cette femme ?

FERDINAND. Ce n'était pour moi qu'une cliente.

LOUISE. Eh bien ! vous n'en aurez plus de ce genre-là, vous ne plaiderez plus que pour moi, comme vous l'avez fait tout-à-l'heure, c'était très-bien.

FERDINAND. Surtout, si je gagne ma cause, si vous me pardonnez.

LOUISE, *émue*. Moi, monsieur !

FERDINAND, *tendrement*.
AIR : *Lève-toi, ma belle amie* (d'Albert Grisar).
N'imitez point votre père,
Quittez ce regard sévère
Qui me glace de terreur !
Et qu'un tendre et doux sourire
A l'instant vienne me dire :
Ami, je te rends mon cœur !
Ah ! cette grâce promise,
Que je l'entende en ce jour,
Ma Louise ! ma Louise,
Mon amour !

LOUISE, *timidement*.
Même air.
Eh quoi ! mon cœur ?... vous le rendre !...
Eh mais ! s'il faut vous l'apprendre !
Je n'ai pas pu vous l'ôter.

FERDINAND, *vivement*.
Oui, mais cette main chérie,
Mon bien, mon trésor, ma vie?

LOUISE, *baissant les yeux*.
Faut-il pas vous la porter !

FERDINAND, *à ses pieds et lui baisant la main*. *Parlé*. Oh ! non, c'est à genoux que je dois la recevoir.

LOUISE, *achevant l'air*.
Cette main t'est bien acquise,
Mais n'oublie pas un seul jour
Ta Louise ! ta Louise,
Ton amour !

TOUS DEUX.
Ta } Louise ! (*bis*.)
Ma }

Ton } amour !
Mon }

ooooooooooooooooooooooooooooooooooooo

SCENE VIII.

LES MÊMES, DUPRÉ.

DUPRÉ, *entrant par le fond*. C'est une horreur !

LOUISE. Dieu ! mon père !

DUPRÉ, *apercevant Ferdinand qui est encore à genoux*. Et lui aussi ! en voici bien d'une autre ! tous les deux me narguer à la fois !

LOUISE, *courant à lui*. Moi, vous pourriez supposer?..

DUPRÉ. Il ne s'agit pas de toi.

LOUISE. Et de qui donc ?

DUPRÉ. De l'autre, de son ami ! au moment où je descendais dans la cour, je manque d'être écrasé, par qui ? par M. Corbineau qui partait en tilbury, et qui a l'audace de me crier : Gare !! gare les meubles ! gare le tapissier !

LOUISE. Est-il possible !

DUPRÉ. Un carabin, en voiture ! un cheval alezan ! un laquais, une livrée magnifique, et il me crie du haut de son char : Décidément je garde l'entresol, mon cher ! que tout soit prêt à mon retour.

FERDINAND. C'est-à-dire, monsieur, que je suis aussi étonné que vous, aussi confus.

DUPRÉ. Oh ! vous ! ne parlez pas, c'est encore pis. (*A Louise*.) Car tu ne sais rien encore ; imagine-toi qu'en rentrant dans le salon je trouve M. Williams, l'intendant, qui parlait, chapeau bas, à la maîtresse de cet hôtel.

LOUISE. A lady Wilton, cette grande dame ?

DUPRÉ. Que je n'avais pas encore vue, je lève les yeux et je reconnais...

LOUISE. Qui donc !

DUPRÉ. La passion de M. Ferdinand ! cette beauté mystérieuse que nous avons rencontrée ce matin chez lui, au cinquième étage.

FERDINAND, *surpris*. Comment ?..

DUPRÉ. Faites donc l'étonné !

LOUISE, *vivement*. Oui, mon père, il n'est pas coupable, il s'est justifié.

DUPRÉ. Vraiment !

LOUISE. Il m'a promis de ne plus la revoir.

DUPRÉ. C'est donc cela qu'il loge chez elle.

LOUISE. Chez elle !

DUPRÉ. Oui, mon enfant, ici, dans cet appartement que j'ai tendu de mes propres mains ! vieillard stupide ! et toi-même, fille crédule, ce boudoir où tu viens de faire poser des paters et des rideaux de mousseline, c'est le sien.

LOUISE, *d'un air de reproche*. Quoi, monsieur ?

FERDINAND. Eh ! non, c'est Corbineau, ou c'est le diable lui-même qui se mêle de mes affaires ! car je ne peux plus m'y reconnaître...

DUPRÉ. C'est cependant bien aisé à comprendre : quand une grande dame reçoit et loge chez elle gratis, ou à peu près, un beau jeune homme qui n'a rien !

FERDINAND. Monsieur, n'achevez pas, c'est une infâme calomnie : vous pourriez supposer que lady Wilton...

DUPRÉ. Je ne suppose rien qui puisse l'offenser ! car je sais, au dire même de ses gens, que mylady a toujours joui d'une réputation irréprochable, qu'elle est d'une grande famille, d'une grande naissance ; mais elle est veuve, dit-on ; elle est maîtresse de sa main, rien ne peut l'empêcher d'en disposer en faveur d'un jeune homme qui lui plaît.

LOUISE. O ciel !

DUPRÉ. Ce n'est pas à elle que j'en veux, c'est au jeune homme qui, prêt à contracter une pareille alliance, cherche encore à séduire la fille d'un honnête industriel.

FERDINAND. La séduire ! c'en est trop ; quelle que soit cette lady Wilton que jusqu'ici j'honorais et je respectais, je veux lui demander compte des bienfaits dont elle m'accable à mon insu, et que je repousse.

LOUISE. Quoi, monsieur, ce mariage, s'il était vrai, vous le refuseriez ?

FERDINAND. A l'instant même.

DUPRÉ. Laissez donc, on ne renonce pas à une perspective comme celle-là !

FERDINAND. Vous le verrez ! et puisqu'il vous fallait des preuves de mon amour, je serai ravi de déclarer devant vous à lady Wilton que je ne veux plus ni la voir, ni entendre parler d'elle.

LOUISE, *l'appuyant*. C'est cela.

FERDINAND, *s'échauffant*. Il est aussi trop fort qu'on ne puisse pas se soustraire à une telle persécution.

LOUISE, *de même*. C'est vrai.

FERDINAND. Qu'un jeune homme tranquille et inoffensif soit exposé à des soupçons...

LOUISE. Qui peuvent faire tort à son honneur.

FERDINAND. C'est juste.

LOUISE. Et à son établissement.

FERDINAND. C'est cela même.

DUPRÉ. La voici.

FERDINAND. Nous allons voir !.. ne me quittez pas !...

SCENE IX.

LES MÊMES, LADY WILTON.

LOUISE, *bas à Ferdinand*. Du courage, et traitez-la comme elle mérite.

FERDINAND, *avec hauteur*. Je voulais vous demander, madame...

(Il la regarde et s'arrête.)

LADY WILTON, *avec douceur*. Eh ! quoi donc, monsieur ?

FERDINAND, *d'un air plus respectueux*. Un instant d'entretien.

LADY WILTON, *d'un air gracieux*. J'allais vous adresser la même prière, et si dans ce moment cela ne vous gêne, ni ne vous contrarie...

FERDINAND. Comment donc ? je serai trop heureux.

LOUISE, *bas*. A quoi bon ? dites-lui tout de suite que vous ne voulez pas d'elle.

FERDINAND, *bas*. Certainement ; mais c'est que je n'ose pas, elle a un air qui m'impose...

LOUISE. Eh bien ! moi qui n'ai pas peur, je vais lui dire. (*Passant et haut*,) Madame...

LADY WILTON, *avec douceur*. Ma chère enfant, laissez-nous un instant, je vous prie.

DUPRÉ, *s'enhardissant*. Qu'est-ce qu'ils ont donc ? je vais lui parler, moi. Madame...

LADY WILTON. Et vous aussi, monsieur Dupré ?

LOUISE, *cherchant à s'enhardir*. Mais c'est que...

LADY WILTON, *avec dignité*. Vous m'avez entendue.

LOUISE, *subjuguée et faisant la révérence*. Oui, madame. (*A part*.) C'est singulier, elle a un regard !! (*A Ferdinand*.) N'allez pas fléchir, au moins, ni vous laisser séduire.

FERDINAND. Soyez donc tranquille.

DUPRÉ, *bas à Louise*. Retourne à ton ouvrage, ma bonne.

TOUS TROIS, *à mi-voix en regardant lady Wilton*.

AIR: *Mais silence, on peut nous entendre.* (Lectrice.)

Éloignons-nous
Éloignez-vous } puisqu'on l'ordonne ;
Il faut céder à son désir,
Je ne sais pourquoi; mais personne
N'oserait lui désobéir !

DUPRÉ, *à sa fille*.

Il deviendra pair d'Angleterre !
En tout cas, s'il est juste et bon...
Il nous conservera, j'espère
La pratique de la maison !

(*Louise hausse les épaules avec dépit.*)

TOUS TROIS.

Éloignons-nous
Éloignez-vous } puisqu'on l'ordonne, etc., etc.

(*Louise et Dupré sortent par le fond.*)

SCENE X.

FERDINAND, LADY WILTON.

LADY WILTON. Eh bien ! monsieur, que vouliez-vous me dire ?

FERDINAND. Que j'ignorais, madame,

par quelle étourderie, quelle inconséquence de mon ami Corbineau je me trouvais logé dans votre hôtel... mais je ne puis y rester.

LADY WILTON. Et pourquoi donc?

FERDINAND, *avec embarras*. Mais il me semble que pour vous-même, madame... qui êtes seule, deux jeunes gens ici... près de vous.

LADY WILTON. Près de moi? M. Corbineau ne vous a donc pas dit que je partais?

FERDINAND, *étonné*. Vous partez?

LADY WILTON. Aujourd'hui même, pour Strasbourg. Une affaire d'où dépend non seulement mon sort... mais peut-être aussi celui d'un autre.

FERDINAND, *avec embarras*. C'est différent, je ne m'y attendais pas... mais il n'est pas moins vrai... qu'un appartement semblable, pour un prix aussi modique...

LADY WILTON. Est une fort bonne affaire pour moi... car en mon absence... je voulais payer pour rester dans cet hôtel une personne de confiance. Je n'ai pas osé proposer des honoraires à M. Corbineau, votre ami... mais si cependant vous le jugez convenable.

FERDINAND, *vivement*. Non pas, madame... (*Avec hésitation.*) Et nous voilà tout de suite si loin des idées que j'avais... surtout de celles qu'on vous supposait, que je ne sais plus comment vous expliquer les motifs qui m'empêchent de rester chez vous.

LADY WILTON. Et pourquoi donc? s'ils sont justes et raisonnables, je suis prête à m'y rendre. Parlez...

FERDINAND, *hésitant*. C'est très-difficile... car plus je vous vois et plus ce qu'on m'a dit me semble impossible à croire..

LADY WILTON. Que vous a-t-on dit, monsieur?...

FERDINAND, *de même*. Que vous aviez le projet, l'intention de vous remarier.

LADY WILTON, *froidement*. On vous a trompé, monsieur... jamais je ne me remarierai.

FERDINAND, *étonné, troublé*. Ah!.. quoi? vraiment, vous ne vouliez pas?...

LADY WILTON. Je n'y ai jamais pensé!.. mais, quand même cela eût été... je ne vois pas là pour vous une cause de départ.

FERDINAND, *avec embarras*. C'est que je me suis mal expliqué.

LADY WILTON, *souriant*. Ce n'est pas ma faute!..

FERDINAND. C'est la mienne!... et s'il faut vous parler avec franchise, les bontés dont vous avez daigné m'honorer... moi, jeune homme pauvre et inconnu... et vous, dame noble et opulente... ont pu donner à mes amis... non pas à moi, des idées... que votre honneur même... m'ordonnait de repousser.

LADY WILTON, *avec un mouvement pénible*. Ah! je vous comprends enfin! et je suis fâchée pour vous, monsieur, qu'une pareille crainte ait pu vous venir à l'esprit... je l'aurais peut-être pardonnée à M. Corbineau, votre ami... mais vous...

FERDINAND. Ah! madame...

LADY WILTON.
Air : *Je n'ai point vu ces bosquets.*
Je croyais être au-dessus du soupçon;
Mais jusqu'à moi puisqu'il faut qu'il parvienne,
Puisqu'il me faut repousser ce poison...
(*Avec dignité.*)
Regardez-moi, votre main dans la mienne.
(*Elle lui prend la main.*)
Si je formais d'aussi coupables vœux
Et redoutant le jugement des autres,
Si j'éprouvais un sentiment honteux,
Ma main tremblerait...
(*Le regardant avec calme.*)
Et mes yeux
Se baisseraient devant les vôtres.

FERDINAND. Ah! je vous l'atteste... ce n'est pas moi, ce sont mes amis, qui vous voyant ce matin chez moi, ont supposé...

LADY WILTON, *souriant*. Que l'amour me faisait agir, et pourquoi pas l'amitié? Ne donne-t-elle pas aussi des droits?... et si j'avais été envoyée près de vous par votre meilleur ami... ce vieux et honnête Bernard...

FERDINAND. Celui qui m'avait élevé... mon précepteur, mon second père.

LADY WILTON. Qui, il y a deux ans, m'avait écrit en mourant pour me recommander son élève, son enfant, qu'il laissait seul et sans guide!.. il me suppliait de veiller sur lui et sur son avenir... Je le lui ai promis et je voulais tenir ma parole. Me suis-je justifiée, monsieur, et vous reste-t-il encore des soupçons?

FERDINAND, *ému*. Ah! je ne puis vous dire ce que je ressens, ce que j'éprouve... tant de bontés pour moi, qui le mérite si peu!

LADY WILTON. Et pourquoi donc?... Il vous est si aisé de vous acquitter... tout ce que je vous demande, c'est votre estime... me la refuserez-vous?

FERDINAND. Non.... elle vous appartient... vous l'avez tout entière... vous êtes ce que j'honore, ce que je respecte le plus au monde...

LADY WILTON, *souriant*. Prenez garde.. vous allez tomber dans l'excès opposé! votre respect sera tel qu'il ne laissera plus de place à l'amitié, et je tiens avant tout à la vôtre, je la réclame!..

FERDINAND. Et comment ne l'auriez-vous pas? je me sens attiré vers vous par un attrait que je ne puis rendre, par un charme si puissant et si doux, qu'il ne peut même venir à l'idée de le craindre ou d'y résister.

LADY WILTON. Ah! vous voilà pour moi tel que je le voulais. Parlez... parlez vite.

FERDINAND. Eh bien! s'il faut vous ouvrir mon ame tout entière.... j'aime Louise.. j'en suis aimé; et ce mariage qui assurait mon bonheur...

LADY WILTON, *lui prenant la main avec douceur.* Y pensez-vous, si jeune encore, ayant votre état à faire, une réputation à acquérir?

FERDINAND. Mais je ne vois pas qu'un intérieur heureux... une femme... des enfans, puissent nuire à mon état et à mes travaux; au contraire, et puis, s'il faut vous le dire, cette pauvre Louise compte sur moi, sur mon amour... et si je la trahissais, si je l'abandonnais... ce serait pour moi un remords éternel, un remords qui empoisonnerait toute ma vie... et il ne me serait plus possible d'être heureux.

LADY WILTON, *gravement.* En êtes-vous bien sûr?

FERDINAND. Oui, je ne pourrais vivre sans elle.

LADY WILTON. S'il en est ainsi, et quoi qu'il puisse en arriver, vous sentez bien que moi, qui ne veux que votre bonheur, me voilà presque obligée d'être de votre avis...

FERDINAND, *avec joie.* Vous consentiriez?...

LADY WILTON. A une condition.

FERDINAND. Je l'accepte d'avance.

LADY WILTON. C'est que vous différerez ce mariage de quelques jours seulement!

FERDINAND. Et pourquoi?

LADY WILTON. Le temps de consulter une personne... de qui votre sort dépend.

FERDINAND. O ciel!.... et cette personne?....

LADY WILTON. N'est pas ici...

FERDINAND. O mon Dieu!... mais elle viendra donc?

LADY WILTON. Je l'espère.

FERDINAND. Ah!.. ne me laissez pas dans cette incertitude... achevez, de grâce...

SCENE XI.

LOUISE, FERDINAND, LADY WILTON.

LOUISE. Eh bien! monsieur? encore ici!...

LADY WILTON. C'est vous? qui vous amène?

FERDINAND, *avec un peu d'impatience.* Sans doute, Louise, qui vous amène?

LOUISE. Et lui aussi!... c'est honnête! Ce qui m'amène... ce qui m'amène, monsieur, c'est qu'il était arrivé pour vous chez mon père, à votre ancien logement, une lettre timbrée de Strasbourg... que M. Moquette vient de me donner.

LADY WILTON, *avec émotion.* Une lettre... de Strasbourg?

LOUISE, *la lui donnant.* Et je suis bien fâchée en vous l'apportant de vous déranger. (*A demi-voix et pendant qu'il ouvre la lettre.*) Mais j'avais cependant à vous dire que dans ce moment mon père est à causer avec son autre gendre, qu'ils ont l'air d'être d'accord, et que si vous tardez plus long-temps, je pourrais bien être mariée.

FERDINAND, *qui a jeté les yeux sur la lettre.* O ciel!..

LOUISE. Ah! ça vous fait quelque chose, c'est heureux! (*A demi-voix.*) Et si vous ne sortez à l'instant de cette maison...

FERDINAND, *vivement.* Impossible! impossible!

LOUISE. Qu'est-ce que cela veut dire?

LADY WILTON, *à part.* Comme il est agité!

FERDINAND, *avec trouble.* Louise!.... Louise... vous saurez tout, mais si vous m'aimez... cette lettre, il faut que j'éclaircisse... laissez-moi, laissez-moi, je vous en supplie.

LOUISE. Le laisser encore avec elle! ah! c'en est trop, et cette fois, je vais dire à mon père...

LADY WILTON, *à mi-voix.* Non... non mon enfant, revenez avec lui, et j'ai idée que maintenant vous serez contente de moi.

LOUISE *étonnée.* Quoi, madame!

LADY WILTON. Allez, allez.

LOUISE, *avec hésitation.* Oui... certainement... je reviendrai... (*regardant Ferdinand*) mais pour lui dire que je ne l'aime plus! que je l'abandonne... (*en sanglotant*) et que j'épouse l'autre.

SCENE XII.

FERDINAND, LADY WILTON.

LADY WILTON. Eh bien! vous voilà tout tremblant; qui donc vous écrit de Strasbourg? et comment cette lettre peut-elle vous causer une pareille émotion?

FERDINAND. Jugez-en! (*Lisant.*) « Mon fils!... »

LADY WILTON. C'est de votre père?

FERDINAND. Oui, madame... « Mon fils, » toi que je n'ai jamais pu presser contre » mon cœur!... je viens de toucher le sol » de la France! »

LADY WILTON, *avec joie*. Ah! (*A elle-même.*) Enfin!...

FERDINAND, *continuant*. « Dans quel- » ques heures je serai dans tes bras! mais » je ne veux pas que ton premier regard » soit, pour tes parens, un regard de repro- » che; je ne veux paraître à tes yeux que » justifié de notre abandon et de notre » absence... et lady Wilton qui dans ce » moment doit être auprès de toi... lady » Wilton se chargera de notre défense; » écoute ses paroles, mon fils. »

LADY WILTON, *émue*. Il a dit cela!

FERDINAND. Voyez plutôt. (*Avec respect.*) Je vous écoute, madame.

LADY WILTON, *après un silence*. Quand je vous disais tout-à-l'heure que vous ne pouviez vous marier sans le consentement ou la présence de vos parens... vous voyez que j'avais raison; j'espérais un retour dont malgré mes soins et mes démarches je doutais encore; mais votre père revient enfin, et dans quelques heures il vous l'apprend, il sera ici... dans vos bras.

FERDINAND, *avec émotion*. Seul!

LADY WILTON. Probablement...

FERDINAND. Et ma mère!... ma mère!... madame; vous ne m'en parlez pas! vous qui connaissez si bien et mon sort et mes parens, je ne vous demande qu'une chose.

LADY WILTON. Laquelle!

FERDINAND. Dites-moi si ma mère existe encore.

LADY WILTON, *très-émue*. Elle existe!...

FERDINAND. O ciel! ce vieux précepteur dont vous me parliez ce matin m'avait dit qu'elle n'était plus... Tout ce qu'il m'avait appris d'elle, c'est qu'elle était créole, c'est qu'elle m'avait envoyé avec lui, dans ce pays... Et pourquoi m'exiler ainsi? pourquoi me priver de sa vue, de sa tendresse... elle ne tenait donc point à l'amour de son fils?

LADY WILTON, *vivement*. Si! mais elle tenait encore plus à son estime!... elle était décidée à renoncer à lui plutôt que de rougir à ses yeux.

FERDINAND. Rougir devant moi... et comment cela?

LADY WILTON. Si une famille noble, riche et bien cruelle l'avait empêchée de donner sa main à celui à qui elle avait donné son cœur! si, libre enfin par la mort de ses parens, et maîtresse de sa fortune, elle était accourue en France pour s'unir à celui qu'elle aimait, au père de son enfant! et qu'elle eût appris alors que, fidèle à l'honneur, il avait succombé les armes à la main, sous les drapeaux de son empereur! pouvait-elle se présenter devant ce fils qu'elle ne pouvait plus avouer; pouvait-elle, en baissant les yeux de honte, lui dire : Je t'ai donné la vie, mais je ne peux te donner ni un père, ni un nom!... Ah! plutôt mourir, ou ce qui était plus cruel encore, plutôt vivre loin de son enfant!

FERDINAND. Grand Dieu!

LADY WILTON. Mais, si le ciel avait eu enfin pitié de sa douleur... si ces déserts de la Russie, qui ensevelirent tant de braves, avaient consenti par miracle à rendre une de leurs victimes... si elle allait enfin revoir celui dont la présence lui rend l'honneur (*levant les yeux sur Ferdinand*), n'aurait-elle pas le droit alors de lever les yeux sur son enfant?

FERDINAND. O ciel!

LADY WILTON, *avec tendresse*. Et de lui dire, comme je le fais en ce moment : Mon fils!...

FERDINAND *se précipitant dans ses bras qu'elle vient de lui ouvrir*. Ma mère!... ma mère!... c'est vous!... Ah! que je suis heureux!...

LADY WILTON, *l'embrassant et le serrant sur son cœur*. Et moi donc!...

SCENE XIII.

LES MÊMES, DUPRÉ, LOUISE, *puis* CORBINEAU.

DUPRÉ *entrant par le fond avec sa fille, les apercevant*. Là!... tu le vois!... que te disais-je?

LOUISE. Dans ses bras!

LADY WILTON. Louise!...

DUPRÉ, *remontant le théâtre*. C'est à n'y pas tenir... Je ne souffrirai pas que ma fille reste un instant de plus dans cette maison.

(*A la cantonnade.*) Un fiacre! qu'on me fasse venir un fiacre...

LOUISE, *que Ferdinand tient par la main*. Ah! madame, c'est affreux!... c'est indigne!.. vous, qui tout-à-l'heure encore me disiez : Vous serez contente de moi, je vous le promets.

LADY WILTON. Et je tiendrai ma promesse... (*A Ferdinand.*) Mon ami, dis à ta femme de venir embrasser sa mère.

LOUISE, *éperdue et courant embrasser lady Wilton*. O ciel!

FERDINAND, LADY WILTON, LOUISE, DUPRÉ.

AIR : *Plus d'ami, de maîtresses*... (du Lorgnon.)

Quoi, { vraiment c'est { sa } mère !
Oui, { ma }

Quel moment pour { mon } cœur !
{ son }

Voilà donc { ce mystère...
Oui, voilà {

Qui causa { mon } erreur !...
{ ton }

(*Corbineau entre pendant l'ensemble.*)

TOUS, *le regardant*. Corbineau!

FERDINAND, *le voyant crotté des pieds à la tête*. Ah! mon Dieu, dans quel état!

DUPRÉ. Crotté des pieds à la tête!

CORBINEAU, *embarrassé*. Ne faites pas attention... c'est que je descends de voiture.

FERDINAND, *riant*. On ne s'en douterait pas.

CORBINEAU. Des événemens horribles!.. (*Bas à Ferdinand.*) D'abord Dorothée ne veut plus me voir et me ferme sa porte. (*Haut.*) Et puis tout-à-l'heure, en arrivant à l'hôtel, une maudite chaise de poste....

LADY WILTON. Une chaise de poste!.. Eh bien?

CORBINEAU. Eh bien! (*à part*) elle va être furieuse... (*haut*) nous a jetés, le tilbury et moi, dans le ruisseau, en tournant pour entrer dans la cour.

LADY WILTON, *regardant par la fnêtrce*. Ah! quel bonheur!

CORBINEAU. Comment? quel bonheur!

LADY WILTON, *courant à son fils*. Ferdinand! mon ami!... c'est lui!

FERDINAND, *avec un cri de joie*. Mon père!

TOUS. Son père!

LADY WILTON *et* FERDINAND. Ah! courons!

LA TOILE TOMBE.

FIN.

IMPRIMERIE DE Vᵉ DONDEY-DUPRÉ, RUE SAINT-LOUIS, 46. AU MARAIS.

www.ingramcontent.com/pod-product-compliance
Lightning Source LLC
Chambersburg PA
CBHW060934050426
42453CB00010B/2006